회사는 당신의 미래를
책임지지 않는다

회사는 당신의 미래를 책임지지 않는다

초판 1쇄 2022년 08월 24일

지은이 정진호 | **펴낸이** 송영화 | **펴낸곳** 굿위즈덤 | **총괄** 임종익

등록 제 2020-000123호 | **주소** 서울시 마포구 양화로 133 서교타워 711호

전화 02) 322-7803 | **팩스** 02) 6007-1845 | **이메일** gwbooks@hanmail.net

© 정진호, 굿위즈덤 2022, *Printed in Korea.*

ISBN 979-11-92259-52-9 03190 | **값** 15,000원

은퇴를 10년 앞당기는 노후 미래 설계 프로젝트

회사는 당신의 미래를
책임지지 않는다

정진호 지음

굿위즈덤

프롤로그

작년 초 한겨울 쌀쌀한 날씨에 무작정 밖을 돌아다녔다. 임금 피크 후 여유가 생겨 걸어 다니면서 생각을 많이 하게 되었다. 그렇게 한동안 돌아다니다가 도서관이나 대형 서점에 가서 책을 들여다보았다. 걷고 책 보고, 지금 돌이켜보면 본능적인 행동이었다. 무엇을 해야 하는지 막연해서 답을 구하러 다니는 과정이었다.

은퇴자들이 쓴 여러 도서를 접하면서 얻은 지식은 주로 '어떻게'였다. 바른생활 지침서 같은. 내가 갈급해한 것은 '무엇을'이었다. 무엇을 해야 물질적 · 정신적 만족을 얻을 수 있을까에 대한 답을 얻기 위해 '나 홀로' 시간을 많이 가졌다. 다행히 내가 할 일들 중의 일부이지만 답을 찾았다. 숱한 갈등과 방황 끝에 스스로 만족할 만한 답을 찾은 것은 정말 감사할 일이 아닐 수 없다. 무의식중에라도 내가 찾았던 일은 쉽고 어렵고의 문제가 아니었다. 근본적이고 궁극적인 문제였다.

내가 할 일을 찾으면서 덤으로 얻게 된 것은 신앙이었다. 호스피스 병원의 원장이자 목사이신 어떤 분은 아침에 출근할 때마다 가족들에게 그날 저녁에 다시 만난다는 보장이 없으므로 미리 작별인사를 한다고 했다. 우리는 죽음에 대해서 재수 없다며 입에 올리는 것조차 꺼리지만 그 목사님은 죽음을 직시하면 두려워하지 않게 되고 더욱 현명해진다는 사실을 알려주고 있었다. 나는 우리 모두 언젠가 종말을 맞을 것이고 오히려 그 이후를 대비해야 된다는 것을 깊이 깨닫게 되었다.

　나는 별로 내세울 게 없는 지극히 평범한 직장인으로 얼마 후에 정년을 맞게 된다. 우리 삶에도 종말이 있듯이 직장인도 직장에서 마지막을 맞이한다. 임금 피크자는 퇴직 전에 그 이후를 준비할 수 있는 시간을 버는 것이다. 이 책은 임금 피크 적용 후 겪었던 막연한 불안감, 어디에도 물어볼 데가 마땅치 않아 고스란히 혼자 겪어야 했던 막막함으로부터 시작되었다. 지루한 개인사가 많이 포함되어 있어 나의 치부를 고스란히 노출한 기분이다. 부끄럽지만 이후에 새로 편입될 임금 피크자들과 명예퇴직자들에게 조금이나마 위안이 되고 선택에 도움이 되기를 원한다.

CONTENTS

4장 40대 후반, 제대로 은퇴 준비하는 법

5장 미루고 싶기만 했던 은퇴를 10년 앞당겨라

1장

인생,
이럴 줄 몰랐다

01

/

지금 나는 어디서 무엇을 하고 있는가

나는 2021년부터 임금 피크제에 진입한 직원이 됐다. 내가 다니고 있는 은행은 만 55세 되는 해를 지나 1월이 되면 희망 퇴직의 기회를 준다. 희망 퇴직을 할 경우 2년치보다 조금 많은 금액의 임금을 위로금조로 일시불로 받게 된다. 자녀 학자금, 5년치 건강검진비, 창업준비금 등 각종 위로금까지 합치면 제법 많은 목돈을 쥐게 된다.

그렇지 않으면 희망 퇴직하지 않고 급여가 매년 일정 비율로 깎이는 것을 감수하고 정년 때까지 계속 다니는 것을 선택할 수 있다. 임금 피크 제도가 고연령층의 고용은 계속 유지시키되 급여를 깎음으로써 비용을 절감하고 절감한 비용으로 청년층 고용을 늘리자는 취지로 도입됐으니 윈윈 게임인 것이다.

대상자 중 부지점장급 이상은 거의 대부분은 희망 퇴직을 선택하고 조직을 떠나간다. 차장급 이하 직원들도 간혹 정년까지 남는 직원도 있었으나 거의 대부분 직원들이 희망 퇴직을 선택했다.

그러나 2020년부터 전세계에 불어닥친 코로나 팬데믹은 희망 퇴직 대상자들의 선택에 적지 않은 영향을 주었다. 특히 차장급 이하 직원들이 임금 피크 적용받고 계속 남는 경우가 눈에 띄게 많아진 것 같다. 코로나 영향으로 인한 사회 전반적인 침체 분위기가 직원들 심리에 영향을 주었다고 보여진다.

나도 영향을 받지 않았다고 할 수 없을 것 같다. 내가 희망 퇴직이냐 임금 피크 적용이냐 선택의 기로에 있을 때가 딱 그때였다. 국가적 차원에서 대면 접촉을 자제하도록 하고 식당 영업시간도 제한하고 그 영향으로 매출에 심각한 타격을 입은 자영업자들이 자살했다는 뉴스가 연일 매스컴을 뒤덮었다. 그리고 계절이 한겨울이라 추운 영하의 날씨가 더욱 움츠러 들게 했다.

막연한 두려움 속에서 먼저 퇴직한 동료들에게 조언을 구하려고 전화를 걸어보았다. 자격증 취득 위해 학원 다니는 사람, 퇴직 후 가기로 약속돼 있던 자리가 있었는데 코로나로 인해 기약 없이 집에서 손주 보고 있는 사람, 금융업계에서 대출 모집인으로 일하는 사람, 채권 추심인 등 다양했다. 2019년 1월에 퇴직한 동기는 같은 부서에서 일하다가 같이 퇴직한 직원끼리 호기롭게 유럽 여행을 다녀왔다고 했다. 20년 넘게 직장에 얽매여 장기 여행을 못 해봤으니 자유를 만끽하기 위해 갔다 왔다고 했다. 지금 짐작건대 그들 대부분 여행하면서도 마음 한편에선 찜찜했을 것이다. 갔다 오면 다시 현실이 닥칠 것이기 때문이다. 아무튼 한가지는 분명했다. 퇴직 이후 맘 편히 쉬고 있는 사람은 없었다.

2020년 1월 해가 바뀐 출근 첫날, 나의 개인 메일함에 인사부로부터 공문이 도착해 있었다. 메일을 열어보니 본 메일을 받은 직원은 1월부터 임금 피크 대상자이며 그 이후로 피크 대비 70%의 급여만 받을 것이고 1년마다 10%씩 깎인다는 내용이었다. 이미 알고 있던 내용이었지만 막상 공문으로 받고 나니 씁쓸했다. 이제 조직에서 나가달라는 압력으로 느껴졌다. 곧바로 급여 입금 통장을 조회해보니 매년 1월 첫째 날 받는 상여금이 30% 깎인 채 찍혀 있었다.

며칠 뒤 희망 퇴직 시행 공문이 떴다. 마지막 날까지 결정을 쉽게 내리지 못했다. 인사부에서는 내가 소속된 부서 서무 라인을 통해 내가 결정했는지 여부를 계속 체크했다. 거의 매일 결정했는지 여부를 물어왔다. 서무 직원은 나에게 결정 여부를 물어보면서 후배들 눈치보면서 굳이 정년까지 갈 필요 있겠냐며 은근히 희망 퇴직을 유도하려는 의도를 보였다. 그때마다 내가 알아서 결정하겠다고 물리쳤다.

내가 쉽게 결정 못 했던 이유 중에 하나는 아이 둘이 아직 학업을 못 마친 상태였기 때문이었다. 두 아이 모두 아직 대학도 진학 못 한 상태였다. 비록 퇴직 위로금과는 별도로 아이들 대학 졸업 때까지 계산해서 학자금을 받지만 아이들이 대학생이 되었을 때 아버지가 국내 최대 은행에서 근무하고 있다는 것이 아이들 정서에 더 좋을 것 같았기 때문이다.

그리고 이미 퇴직한 직원들의 근황을 들어봤을 때 집에서 맘 편히 쉴만큼 미리 준비한 사람은 없었고 목돈으로 받은 퇴직금마저도 부채를 청산하거나 자식들 혼사에 충당하느라 흐지부지 없어진 경우도 있어서 대다수가 일할 기회가 되면 일을 하고 싶어했다. 나는 의문이 들 수밖에 없었다. 그렇다면 급여가 깎이더라도 그냥 정규직으로 남지 굳이 나가서 새로 잡을 구하려고 애쓸 필요가 있을까? 그리고 어차피 미리 은퇴 준비하지 못한 것 정년퇴직 때까지 퇴직 이후 할 일을 준비할 수도 있지 않을까 하는 생각이 들었다.

아직 결정을 못 내리고 생각이 많을 때, 점심 식사 시간 중 대화의 화제는 자연스럽게 내가 어떤 결정을 내렸느냐로 흘러갔다. 평소에도 희망퇴직에 대하여 어떤 선택이 좋을 것인가에 대하여 종종 대화를 나누던 한 여직원은 그냥 남으시라고 조언했다.

평소에 자신의 경험담을 조심스럽게 얘기해오던 여직원이었는데 그날은 좀 더 세게 말하는 것이었다.

그 여직원은 희망 퇴직 대상이 되려면 아직 10년 가까이 남은 상태였다. 그런데 사연이 제법 많은 직원이었다. 몇 년 전 심장 수술을 받았는데 수술 후유증으로 심장 박동이 갑자기 빨라져 정신이 혼미해지는 경우가 자주 발생한다는 것이다. 의료 사고가 확실하지만 법적으로 달리 구제 방법이 없었다. 그러다 보니 근태가 엉망이 되었다. 결근과 조퇴가 빈번해졌다. 영업점에서는 직원 한 명이 빠지면 실적은 물론이고 동료 직원들이 고생하니까 그 직원이 달가울 리가 없는 것이다. 직접적으로 말은 안 하지만 간부 직원들이 퇴직을 유도했다고 했다. 그 직원도 미안한 마음에 그러려고 마음 먹었다가도 반발심이 생기더라는 것이다.

그렇게 한두 해를 버텼는데 다행히 후선 부서로 발령을 받았다. 고객 직접 대면이 아닌 전화로 고객 관리하는 부서였다. 그러면서 간부들의 퇴직 권유를 뿌리친 것이 얼마나 다행인지 모르겠다며 안도했다. 그 직원이 그런 결정을 내리기까지는 먼저 퇴직했던 선배들의 경험담이 한몫했다고 했다. 퇴직한 직원들 모두가 많이 후회하더라는 것이다. 퇴직 당시에는 목돈이 생기니 부자가 된 기분에 들떴으나 곧 흐지부지되고, 무엇보다 직장이 없어졌다는 상실감이 크더라는 것이다. 그러니 선배들이 누가 뭐라고 해도 버티라며 퇴직을 극구 말렸다고 했다.

"차장님 그냥 버티세요." 그동안 자신의 경험담을 얘기하면서도 선택은 나의 몫이라고 한 발 빼던 그 직원은 막상 선택의 시간이 닥치자 많이 후회할 거라며 겁(?)을 주었다. 대상자 절대다수는 퇴직을 선택하는 분위기에 휩쓸려 그냥 나갈까 하던 마음에 강력히 태클을 걸어준 직원이었다.

한 해 전 같은 부서에 나와 똑같이 선택의 기로에 있었던 직원이 있었다. 당시엔 우리 부서에 대상자가 2명이었는데 1명은 퇴직했고 1명은 임금 피크 적용 받으며 계속 남아 있었다. 남아 있던 직원에게 임금 피크를 선택했던 이유에 대해 물어보았다. 뻔한 얘기지만 일단 퇴직 후 나가서 당장 할 일을 준비하지 않았던 점, 소득이 줄더라도 배우자가 수입이 있었기 때문에 생활비가 많이 부족하지 않았다는 점, 아이들이 학업을 마쳤다는 점이었다. 그리고 그 직원의 선배 중 임금 피크를 선택했던 직원에게 자문을 구했을 때 만족도가 높았다는 점에도 영향을 받았다고 했다. 본인도 1년을 지나고 보니 자신의 선택에 별로 후회가 들지 않는다고 했다.

일단 임금 피크 진입을 선택하고 정년까지 다니기로 했다면 더이상 희망 퇴직의 기회는 주어지지 않는다. 정년퇴직하거나 아무런 위로금 없이 중간에 나가거나 둘 중에 하나다. 선뜻 선택을 하지 못하는 이유 중 하나지만 결과적으로 나는 임금 피크 진입을 선택 후 아직 조직 생활을 하고 있다. 조직에 남으면 퇴직 직전에 하던 일을 계속할 줄 알았다. 한 해 전까진 임금 피크 대상 직원들 모두 그대로 자기 하던 일을 계속했기 때문에 나도 그럴 줄 일았다. 그런데 우리 때부터는 퇴직하지 않은 직원들을 지역 본부로 발령낸 후 각 지역 본부 내 인력 지원이 필요한 영업점에 파견되는 형태로 바뀌었다. 주로 집단 대출 관련 업무가 발생한 영업점에 파견되는 경우가 많았다. 나의 경우 임금 피크 첫해인 작년에 두 개 점포에 파견 나가 아파트 잔금 대출 지원과 코로나로 인해 어려움을 겪는 자영업자들을 지원하기 위한 소상공인 집단 대출 업무를 도와주었다.

/

02

절박감 없었던 라이프 스타일

직장생활한 지 30년에서 1년 모자란 해, 나는 임금 피크에 진입하여 계속 회사에 다니고 있다. 아무리 경쟁이 심하더라도 지금쯤 최소한 지점장은 달고 희망 퇴직하여 조직에 남아 있지 않은 게 정상일 것이다. 입행 동기 중 몇몇은 한참 전에 지점장으로 승진하고 지금은 임원이 됐다. 차장 직급으로 은행에 다니고 있다고 하면 10년 전만 하더라도 사람들이 매우 이례적으로 봤을 것이다.

차장에서 부지점장급으로 승진을 못 하고 결국은 포기하기까지 가슴 앓이를 많이 했다. 인간이라면 당연히 느끼게 되는 감정일 것이다. 승진

대상자에 포함된 후 승진 누락이 1년 가까이 될 때까지는 그래도 언젠간 되겠지 하며 마음 편하게 먹으려 애썼다. 그러다 2년, 3년이 지나도 계속 누락되었다. 가장 중요한 시기에 소속 영업점의 실적이 같은 경쟁군에서 계속 최하위에 속했으니 변명의 여지가 없다고 생각했다. 그러나 주변을 보면 승진이 항상 영업점 실적과 연동되는 것 같지도 않았다.

정기 인사 이동 때만 되면 스트레스가 심했다. 정기 인사 발령일이 예고되면 인사 발령일 한 달 전까진 평온을 유지했다. 그러나 날짜가 다가올수록 이번에도 누락되면 창피해서 어떻게 하지? 하며 자꾸 나쁜 쪽으로 상상이 됐다. 발표 일주일 전이 되면 일이 손에 안 잡히기 시작했다. 인사 이동 발표 당일은 영업시간 끝나고 바로 인근 호프집에 가서 술을 마시기도 했다. 술에 취하면서도 발표 시간이 다가올수록 심장은 쿵쾅쿵쾅 뛰었다. 결국 영업점에서 이번에도 누락되었다는 전화가 오면 맥이 풀리는 일이 계속 반복되었다.

승진을 위해 실적을 긁어모으고 영업점장도 인사부에 좋게 어필하고 같이 의기투합한 때도 있었다. 최후의 몸부림이라는 생각으로 온 정신을 집중했으나 그 노력마저 소용 없게 되자 나는 서서히 승진에 대한 미련을 버리게 되었다. 나를 위해 애써주시던 그 영업점장님들께 너무 미안했다. 그동안 여러 영업점장들이 나를 어필하기 위해 인사부에 가서 승진이 안 되는 이유를 물어보고 왔다. 하나같이 명확하게 이유를 설명하지 않더라고 했다. 정말 이유를 듣지 못하고 온 건지 아니면 듣고도 내게 말을 못 하는 건지 알 수가 없었다. 모두 자기들 능력 밖인 거 같다고 했다. 자신들이 인사부에 좋게 어필해주면 웬만하면 승진시킬 수 있다고 자신했던 분들이 갔다 와서는 자신 없어 했다.

직장 밖의 지인들도 나를 위해 알아봐주거나 도와주겠다고 했다. 자기의 형이 모임원하고 절친이다. 너의 승진을 위해 실적을 몰아주겠다. 이런 유형의 응원도 많이 받은 것 같다. 지금 생각해보면 내가 너무 순진했다. 당시에는 많이 도움이 될 것 같았다. 기대도 했었다. 하지만 결과는 없었다. 그분들이 나를 진심으로 아껴서 도움을 주고자 했던 건 맞는 거 같다. 하지만 시간이 갈수록 조직 밖에서의 지원은 별 도움이 안 될 거라고 기대를 접기 시작했다.

승진에서 계속 누락되고 서울을 벗어난 영업점으로 발령이 났다. 직장 생활이 점점 더 꼬여갔다. 발령을 받고 새로운 지점에 인사하러 갔다. 은행 영업 시작 전 영업점 안으로 들어가서 새로 발령이 나서 인사하러 왔다고 하자 직원들이 모두 기립하며 인사를 했다. 지점장실로 안내받아 들어가니 영업점장이 짐을 싸고 있었다. 자기도 다른 지점으로 발령이 났다고 했다. 나에게 반갑게 "지점장님, 앉으십시오." 반갑게 인사했다. "네? 저 지점장 아닌데요, 정진호 차장입니다. 이번에 새로 발령이 났습니다." 말이 떨어지자 지점장의 표정이 확 바뀌었다. 새로 부임할 지점 장으로 오해한 것이었다. 환대하던 분위기가 갑자기 썰렁해졌다. 천천히 오시지 뭐하러 인사하러 오셨냐고 웃으면서 말은 하지만 얼굴 표정은 무 시하는 태도가 역력했다. 기립해서 맞이하던 다른 직원들도 좀 전과 달 리 태도가 바뀌었다. 환대를 기대한 건 아니지만 기분이 아주 나빠졌다.

새로운 영업점에서 새로운 지점장, 직원들과의 생활은 적응 기간이 필 요했다. 초반에는 고참 차장으로 존중해주었지만 시간이 지날수록 나를 대하는 태도는 호의적이지 않았다. 나 자신도 이미 승진을 기대하지 않 았고, 그들도 곧 승진할 고참 차장이 아니니 어려워할 이유가 없는 것이 었다.

한번은 한참 후배 직원이 나를 조롱하는 내용의 문자 메시지를 또래 직원들에게만 보낸다는 것이 그만 전 직원에게 보내는 실수를 저질렀다. 문자 내용을 보니 기가 찼다. 전 직원이 보는 앞에서 불러다가 혼을 냈 다. 그 직원은 미안하다며 사과했지만 분이 풀리지 않았다. 왜냐하면 몇 몇 직원은 나에게 와서 아직 철딱서니가 없어서 그런 거니 신경 쓰지 말 라고 하면서도 막상 그 직원에겐 왜 전 직원에게 문자를 보내서 소란스 럽게 하냐고 책망했기 때문이다. 불륜을 저지른 것보다 들키는 걸 책망 하는 것과 같다고 할 수 있다. 승진하지 못하고 헤매는 내가 잘못이지 누 굴 탓하랴 하며 무기력하게 시간만 보냈다.

내가 현재의 상황까지 오게 된 결정적인 계기는 그 영업점에서부터이다. 2년간 있었던 그 지점은 실적이 말이 아니었다. 어쩌면 그렇게 가는 점포마다 실적이 안 좋은지 내가 일을 못 하는 건지 재수가 없는 건지 모를 일이었다.

만 2년이 지나고 해가 바뀌어 평가의 시기가 됐을 때 영업점장이 나를 개인적으로 불러서 "정 차장, 승진 꼭 해야 돼?" 이렇게 물었다. 어차피 나는 승진하기 어려우니 다른 후배 직원이라도 고과를 좋게 주기 위해 나를 희생시키고 싶었던 것이다. 아무리 표면적으로 승진할 가능성이 희박해도 질문이 나를 무시하는 것이었다. 지점 실적도 실적이지만 나에 대한 불만도 포함된 질문이었다. "아뇨." 나도 모르게 이렇게 대답해버렸다. 반항심에서 그리고 기 죽지 않기 위해 그렇게 한 것 같다. 그리고 의도는 알겠는데 영업점 실적이 좋지 않은 것은 전 직원이 잘못한 것이지 내 잘못만은 아니지 않느냐며 강하게 반발했다. 결국 겉으로는 책임자 모두가 연대 책임지는 것으로 되었지만 영업점장의 별도 의견을 달아 이 직원은 승진의 의사가 없다고 보고가 된 것 같다.

이후로 나는 지점이 아닌 출장소로만 돌았다. 출장소는 직원이 5명 이내의 소규모 점포로 모점의 통제를 받는 곳이다. 주로 대형 병원 건물 안이나 대기업의 공장, 군부대의 병영 안에 설치된다. 나를 계속 출장소에 배치한 이유는 반드시 승진하지 않아도 된다고 대답했기 때문일 것이다.

내 입으로 더이상 승진을 원치 않는다고 했으니 출장소에만 배치해도 불평하지 말라는 뜻으로 받아들였다.

처음 출장소에 발령이 나서 갔을 때 나를 포함 직원이 3명이었다. 청경과 청소하시는 아주머니까지 총 5명이었다. 굉장히 낯설고 어색했다. 그런데 처음만 그랬을 뿐 시간이 갈수록 조직에서 날 배려하는 게 아닌가라는 생각이 들기 시작했다. 어차피 승진이 어려워진 거 실적에 대한 부담이 적고 직원도 소수이다 보니 직원 간에 부대끼는 일도 거의 없었다. 이후로 2곳의 출장소로 계속 발령이 났는데 환경이 비슷했다. 그러다 보니 스트레스가 전보다 훨씬 덜했다.

마지막으로 근무했던 출장소는 국내 굴지의 대기업 공장 안에 있었다. 우리 은행 점포 중 휴전선과 가장 가까운 곳이었다. 주변은 대규모 공장 부지가 조성되어 있었지만 아직 공장이 다 들어서지 않아 황량했다. 하늘에 날아다니는 기러기 떼는 장관을 이루었다. 주변에 전철역이 있었으나 출장소까지는 택시를 타야 했고 시간도 오래 걸려 주로 내 차를 이용하여 왕복 100킬로미터 거리를 출퇴근했다. 그리고 공장은 외부인은 출입이 통제되기 때문에 업체 직원들만 이용 가능했다. 그래서 내점 고객 수가 적었다. 직원은 나와 여직원 둘 뿐이었다. 퇴근 시간에 차가 막히는 날엔 유명한 전원주택 단지를 구경하다 가거나 추울 땐 근처 사우나에 들렀다 가는 경우가 많았다. 출퇴근 거리가 멀어 육체적으론 피곤했지만 스트레스는 거의 제로였다. 동기들은 거의 다 승진하고 정상적인 경력을 쌓아가는데 나만 낙오자로 조직에 계속 남아 이런 생활을 지속할 수 있을까 불안한 마음도 생겼지만 이때가 은행 생활을 통틀어 가장 마음이 평화로울 때였다.

03

/

성실하게 살아왔는데 왜 후회만 남을까

우리집 가훈은 정직과 성실이었다. 어렸을 때 아버지는 술 드시고 오는 날엔 나와 형을 불러놓고 우리 집안이 얼마나 훌륭한 집안인지 1시간 이상 얘기하셨다. 많이 드신 날에는 얘기가 더 길어졌다. 우리 집안에서 조선시대 때 재상들이 수십 명 배출되었고 병자호란 이후 명재상이 나오셔서 국난을 극복하신 얘기 등, 그 자리에서 했던 얘기를 반복하시다가 어머니가 핀잔하시면 그제서야 피곤하다고 들어가셨다. 술을 워낙 좋아하셔서 밤에 불려가는 일이 자주 있었다. 결론은 항상 우리 집안은 명문가였으니 자부심을 가져라였다. 그리고 사람이 정직해야 된다. 성실해야 된다를 강조하셨다. 당시엔 어린 나이지만 항상 같은 레퍼토리라 한 귀로 듣고 한 귀로 흘려들었다.

하지만 어린 나이를 지나 성인이 되어서도 무의식중에 나는 최대한 그렇게 행동하려고 했던 것 같다. 비록 지금은 교회에 다니고 교리를 많이 받아들였지만 어릴 적 나를 지배한 가치관과 태도는 유교적, 불교적인 분위기와 관계가 깊었다고 할 수 있다.

요즈음 나도 가끔씩 술을 먹으면 우리 아이들에게 우리 아버지가 했던 얘기를 한다. 우리집 가훈은 정직과 성실이다. 우리 조상님들은 훌륭하신 분이셨다. 이런 얘기를 하면 아이들은 듣지도 않으려고 한다. 듣기 싫어하고 구시대적 유교관을 강요하지 말라고 반발해도 나는 계속한다. 세상이 아무리 바뀌어도 아이들이 듣기 싫어해도 반드시 전달해야 할 것들은 있다고 생각했다.

내가 우리 아이들에게 조상님은 어떠셨고 할아버지는 어떠셨는지 얘기해주지 않으면 전달해줄 사람이 없다. 내가 이런 경우를 겪었기 때문에 더욱 강조하게 된다. 자주 뵙지는 못했지만 명절 때 고모님과 만나서 대화할 때면 깜짝 놀랄 때가 많았다. 아버지도 모르셨던 우리 집안 얘기, 할아버지 때의 얘기, 아버지의 성장기 때의 얘기는 처음 듣는 얘기가 많았다. 그래서 누군가 얘기해주지 않는 얘기는 세상에서 묻히는 거라는 걸 깨달았다. 내가 입을 열고 아이들에게 전달하지 않으면 할 사람이 없는 것이다. 지금은 조상신을 믿지 않는 세상이지만 나의 뿌리는 누군지 어떻게 내가 세상에 나오게 되었는지는 알아야 한다고 본다.

　어느 아이나 마찬가지로 우리 아이들이 어렸을 때 젓가락질을 잘 못했다. 어린이집에 다닐 때까지도 젓가락질을 이상하게 했다. 아이들이 그저 예쁘기만 했으나 내버려두었는데 어느 날부터 더이상 지켜볼 수 없었다. 그래서 먼저 큰 아이부터 젓가락질을 제대로 알려줬다. 처음부터 잘 안되니까 자꾸 옛날처럼 젓가락질을 하려고 해서 그때마다 강하게 질책했다. 몇 번 고비를 넘기는 듯 했는데 어느 순간 성인처럼 젓가락질을 하고 있었다.

　둘째 아이도 그런 식으로 고쳐주었다. 그때 바로 잡지 않았다면 성인이 돼서도 젓가락질을 제대로 하지 못했을 것이다. 요즘은 동양 문화권 아닌 외국인들도 젓가락질을 잘 하는데 한국인이 젓가락질을 제대로 못한다면 창피한 일일 것이다. 그때 그냥 아이가 하고 싶은대로 내버려뒀다면 어떻게 됐을지 생각만 해도 아찔하다. 우리 아이들도 요즘은 나에게 고마워한다.

　나는 밥 먹을 때 아이들이 어른보다 먼저 숟가락 들으려고 하면 제지한다. 또한 밥그릇과 국그릇 위치가 바뀌었을 때도 바로 놓고 먹으라고 한다. 물론 아이들이 반발한다. 지금 때가 어느 때인데 유교식 예절을 강요하느냐고. 하지만 나는 그렇게 멋대로 살려거든 나가라고 소리친다. 요즘 어느 집에서 이런 풍경을 볼 수 있을지 모르지만 내가 이렇게 하지 않으면 아무도 우리 아이들에게 알려주지 않을 것이기 때문이다. 아이들이 아빠가 또라이고 독재자라고 해도 집안에서는 몰라도 나가서 같은 행동을 하면 부모가 욕을 먹는다는 것을 알기 때문이다. 나는 아이들이 아빠를 속이려 들 때는 가차 없이 체벌을 가했다. 아내는 내가 아이들과 적당히 타협을 하고 넘어가길 원했지만 부모를 속이는 행동은 결코 용서하지 않았다.

나의 다소 고지식한 이런 성향은 사회생활 할 때 다른 사람들이 피곤하게 생각할 수도 있었겠다고 최근에서야 생각하게 되었다. 후배들이나 고참들 중 말을 많이 하는 사람, 얍삽한 사람과는 친하게 지내지 않았던 것 같다. 나는 스스로 성실하고 양심적이라고 생각하는데 조직에서는 내면의 작용까지 알아주지 않는다. 조직에서는 그것보다 중요한 건 실적이었다. 승진 대상자에 오를 때부터의 실적이 정말 중요한데 충분하지 못했다. 만약 내가 실적이나 퍼포먼스가 좋았다면 성실한 직원이라고 평판이 좋았을 것이다. 결과로써 말하지 않는 성실성은 인정받지 못했다.

승진에서 완전히 멀어진 후 승진이 안된 이유가 무엇이었나 시간이 한가할 때 문득문득 떠오르는 사건들이 있다. 같은 사건을 두고 나이가 들수록 해석도 달라졌다. 젊을 때는 나는 정의롭고 묵묵하게 일을 많이 했는데 도대체 왜 승진이 안 되었나 분개할 때가 많았다. 하지만 시간이 갈수록 그러지 말았어야 했는데 하는 후회가 많이 밀려왔다. 나와 트러블이 있었던 직원들이 떠오를 때 내가 그렇게까지 할 필요가 있었나 후회하는 일이 많아졌다.

　중고교 시절 나의 학교 성적은 항상 상위권을 유지했었다. 공부에만 몰두한 것은 아니고 상위권 성적을 유지할 정도만 공부했던 것 같다. 같이 어울려 다니는 친구들도 비슷해서 서울대 가려고 악착같이 공부하는 친구들이 아니었다. 같이 놀러 다니고 영화 보러 다니고 혼자 있을 땐 소설책도 읽고 재미있는 TV프로그램이 있으면 유혹을 뿌리치지 못하고 꼭 봐야만 했다. 적당히 성실하고 적당히 즐겼던 것 같다.

　결국 서울대는 아니고 서울에 있는 대학교에 진학했다. 군대 생활도 육체적, 정신적으로 편하다고 하여 선발시험을 거쳐 미군 부대에서 했다. 제대 후에는 졸업할 때까지 고시에 도전했었다. 고시 공부 첫해 1차 시험에 낙방했다. 합격할 때까지 계속 공부할까 아니면 접을까 고심하다가 집안 사정이 나를 계속 밀어줄 여력이 안 된다고 판단하여 빨리 취업 전선에 뛰어들었다. 결국 공채 시험을 통해 은행에 취업하였다.

　요즈음은 학생들이 졸업 후 대기업에 취업하기가 하늘의 별 따기만큼 어렵지만 내가 취업전선에 뛰어들 당시엔 우리나라 경제가 아직 고도성 장기여서 기업들이 사람을 많이 뽑았다. 그래서 대학 졸업자들은 본인이 원하면 대부분 취업이 되었다. 대학 졸업생들이 여러 군데에 지원했다가 합격이 되면 그중에서 본인이 가장 좋다고 생각하는 기업을 고를 수가 있었다.

요즘 학생들이 들으면 짜증을 낼 법하다.

나의 선택 기준은 급여 수준이었다. 나의 아버지는 40대 중반에 실직하셨다. 내가 초등학교 다닐 때였다. 이후 아버지는 취업과 실업을 번갈아 하시며 집안 형편이 말이 아니었다. 부모님이 여기저기 돈을 꾸어다가 살림을 꾸려나갔다. 당장 먹고사는 문제가 급했다.

지금도 마찬가지지만 당시에도 문과 출신들은 대부분 행정 고시, 사법고시, 회계사를 목표로 하거나 대학원 진학 그다음이 대기업 취업을 선택했었다. 나도 고시에 합격하여 부모님을 기쁘게 해드리고 입신양명하고 싶었다. 하지만 내 형편에 그건 사치라고 생각했다. 내 형편에 따라 그 당시에 급여가 가장 높은 곳 중 하나였던 현재의 은행에 취업했다.

그다음 선택 기준은 안정적인 직장이었다. 당시엔 삼성이나 현대 같은 대기업에서 몇천 명 단위로 신입직원들을 선발하던 시기였다. 대기업보다는 왠지 은행이 더 안정적일 거라고 생각되었다. 결국 현재의 직장은 급여 수준과 안정성 모두 내가 정했던 기준을 충족시켜주었다.

희망 퇴직을 하지 않고 임금 피크 진입 후 업무 강도가 전보다 세지 않으니 지난 일들을 돌아보는 시간이 많아졌다. 나름 성실하게 정직하게 살아왔고 좋은 직장에 무난하게 취업하였는데 왜 나의 직장생활은 무난하지 않았을까?

학교에서는 성실하기만 하면 상위권은 유지하는데 사회생활은 그렇지 않다는 것을 뒤늦게 깨달았다. 좋게 말하면 순진했던 것이고 나쁘게 말하면 세상 물정 몰랐던 것이다. 그런데 아무도 처세에 대해서 알려주는 사람이 없었다.

04

/

나의 목표는 무엇이었나, 있기는 했었나

대학 1학년 마치고 집으로 성적표가 날라왔다. 학사 경고였다. 공부를 거의 안 했으니 변명의 여지는 없었지만 막상 학사 경고를 받으니 날벼락 맞은 것처럼 쇼크를 받았다. 게다가 부모님 입회하에 지도 교수님과 면담도 해야 됐다. 가뜩이나 경제적으로 어려운데 장학금은커녕 학사 경고를 받았으니 참담했다. 며칠을 혼자 끙끙 앓았다. 면담 날짜가 다가오니 할 수 없이 아버지에게 사실을 말씀드렸다. 어머니에겐 차마 말을 못 꺼냈다. 당시 아버지는 수입이 없으셔서 어머니가 생계를 이어 오셨는데 두 분이 자주 다투셨다. 아니 다투신 게 아니라 아버지는 항상 어머니의 화풀이 대상이셨다.

아버지는 내 얘기를 듣고 별말이 없으셨다. 내가 어머니에게 사실을 말하면 길길이 뛰실 것을 알기 때문이었다. "날짜가 언제냐?" 아버지는 당신 일도 잘 안 되는데 나까지 사고를 치니 화를 내시거나 잔소리를 하실 법도 한데 별로 말을 안하셨다.

1980년대 초 5공화국이 들어서면서 대학 입시 제도가 바뀌었다. 대학 졸업 정원제를 도입한 것이다. 졸업 정원제란 대학의 입학 정원을 대폭 늘리는 대신 졸업 인원은 줄이겠다는 것이었다. 제도의 취지와는 달리 일단 입학하면 대다수 학생이 졸업하였다. 제도의 취지가 많이 퇴색되었으나 전격적이고 파격적인 제도 변경이었다. 그때도 지금처럼 대학 입시 경쟁이 치열했다. 사교육이 만연했고 주변에 과외를 안 하는 친구가 드물었다.

입학 정원을 늘림으로써 과도한 입시경쟁을 완화시키고 과외의 필요성을 없애 부모들의 사교육비 부담을 줄여주자는 취지였다. 갓 출범한 정부가 민심을 얻기 위한 좋은 수단이었을 것이다. 중고등학생 두발 자유화, 교복 자율화, 통금 해제 등 지금은 당연한 거지만 당시에 정부의 강력한 조치로 전격적으로 시행되었다.

"위험할 뻔했습니다."

"죄송합니다. 앞으로 공부를 소홀히 하지 않도록 잘 인도하겠습니다."

지도 교수님은 하마터면 잘릴 뻔했다고 했다. 졸업 정원제하에서 일정 성적 이하 학생이 중도에 탈락하는 것은 이상한 일이 아니었다. 지도 교수와 면담 후 아버지는 나를 꾸짖거나 훈계하지 않으셨다. 오히려 나를 위로해주시고 빨리 정신 차리고 공부하라고만 하셨다. 당신이 실업 상태여서 기가 많이 죽어 있으셨고 어머니가 알면 집안이 시끄러울 것 같으니 불똥이 아버지한테 튀는 게 싫으신 것이었을 것이다. 이런 아버지의 모습을 보니 많이 죄송했다. 빨리 정신 차려야겠다고 생각했다. 대학 1학년 때는 정말 많이 방황하던 시기였다.

어릴 때부터 아버지는 술 드시고 오면 나와 형을 불러다 놓고 가정 교육(?)을 시키셨는데 주요 레퍼토리는 집안 내력, 그리고 나와 형의 장래 진로에 대한 조언이었다. 형에게는 사업가 기질이 있으니 비즈니스를 해도 좋을 거 같다고 하셨고 나에게는 항상 공무원 하라고 하셨다. 고지식한 성격이 당신과 많이 닮았다고 하시며 나에게는 개인 사업이나 사기업체는 잘 맞지 않다고 하셨다. 당시엔 무슨 말인지도 잘 모르고 고개를 끄덕였다. 어릴 때 자주 듣던 얘기는 나의 무의식 속에 박혀 대학 입시 준비할 때 나의 선택은 문과 이과 중 문과였고 문과 중에서도 법학과나 행정학과 중에 가려고 늘 생각했다.

목표는 뚜렷했으나 공부에 미치지는 않았다. 적당히 성실했다. 욕 먹지 않을 만큼. 성적은 항상 상위권이었으나 수위를 다툴 정도는 아니었다. 고3 때 학력고사 점수는 만족할 만큼 나오지 않았다. 원하는 대학의 원하는 과에 갈 정도는 나오지 않아 눈치 작전을 펴지 않을 수 없었다. 눈치를 보지 않고 자기가 원하는 대학, 과에 당당히 원서를 넣는 학생은 많지 않았다. 원하는 학교를 선택하자니 당초 원하는 과에 지원하기는 무리 같았고 원하는 과를 선택하자니 학교를 낮추어야 했다.

아버지와 형은 소위 말하는 명문대학의 동문이었다. 아버지의 강력한 권유로 간 것이었다. 내게도 당연히 같은 학교를 권유하셨다. 하지만 원하는 과에 지원하기엔 좀 무리하는 생각이 들었다. 학교 선생님과 진학 상담할 때도 같은 고민을 했다. 선생님들은 입시 학원에서 제공하는 학교 배치표라는 것을 이용했다. 학력고사 성적으로 지원 가능한 학교를 통계를 이용해서 작성한 것이다. 거의 대부분의 학생은 적성이나 장래 희망보다 성적에 맞춰 학교에 지원했다. 선생님들은 자기의 학생을 1명이라도 더 명문 학교에 보내고 싶어하셨다. 명문 학교 진학 학생 수가 선생님과 학교의 성과이기 때문이었다. 그래서 학생이 성적보다 터무니 없이 상향 지원하려고 하면 원서를 안 써주셨다.

담임 선생님은 내 성적으로는 애매하다고 하셨다. 더구나 내가 지원하려는 학교로 지원이 많이 몰릴 것 같다고 하시며 과를 낮추라고 하셨다. 그래서 결국 1지망은 위험을 감수하고 당초 원하던 과에 지원하고 2, 3지망은 예상 커트라인이 한참 낮은 과에 지원하기로 했다. 결과는 낙방이었다. 1, 2, 3지망 모두 불합격이었다. 원서 접수 후 면접을 보러 갔는데 교수님은 지원동기나 장래희망 같은 건 묻지도 않았다. 나의 학력고사 성적만 물었다. 내 점수를 듣더니 고개를 절레절레하면서 심각한 표정을 지었다. "흠, 학생 좀 어렵겠는데, 지금까지 면접 보러 들어온 학생들 성적 물어보니 생각보다 한참 높네."라며 별로 말을 안 했다. 교수님 방을 나오면서 낙방을 직감했다.

면접 보고 나와서 형은 학교 근처 식당에서 밥을 사줬다. 형의 써클 친구 대여섯 명과 함께 식사를 하는데 나를 같은 학교 동문이 될 거라고 소개했다. 나는 이미 불합격을 예감했기 때문에 풀이 죽어 있었다. 사실은 고등학교 때 성적과 학력고사 성적은 내가 더 좋았는데 형은 점수에 맞춰 하향 안정 지원한 덕분에 무난히 합격한 것이었다. 그제서야 후회가 몰려왔다.

입시에 실패하고 나서 대입 학원 종합반에 등록했다. 다행히 우리 집안의 유일한 수입원이신 어머니가 한 번 더 열심히 해보라고 격려해주셨다. 재수생으로서 첫 3개월간은 열심히 했다. 학원은 입시에 특화된 곳이기 때문에 잘 따라가기만 하면 성적은 무난히 향상되는 시스템이었다. 그러나 얼마 지나지 않아 탈이 나고 말았다.

수업 시간에 피곤해서 책상에 이마를 대고 잠깐 눈을 감고 있었는데 수업 시간이 끝날 때까지 잠이 들었다. 그런데 옆에 있던 잘 모르는 친구가 내 책상을 발로 차면서 뭐라고 했다. 나는 잠결에 깜짝 놀라 고개를 들었다가 이내 다시 잠들었다. 다음 수업 시간이 되자 자세를 바로 한 다음 조금 전 나에게 뭐라고 한 학생에게 왜 내 책상을 발로 찼냐고 물었다. 선생님이 나가시면서 깨우라고 하셨다고 했다. 수업 도중에 둘이 교실 밖으로 나갔다. 나는 잘 모르는 친구가 내 책상을 발로 쳐가며 깨우는 게 기분이 나빴고 그 친구는 선생님이 시키는 대로 했을 뿐이라고 하면서 그냥 건드린 것이라고 항변했다. 둘 사이에 언성을 높아졌다. 곧이어 내 친구와 나와 언쟁을 하던 친구의 친구가 따라 나오며 싸움이 커졌다. 당사자들보다 친구들이 더 격렬하게 몸싸움을 벌였다. 당사자들이 왜 싸우는지도 모르고 자기 친구들이 멱살잡이 하니까 일단 몸이 먼저 반응한 것이다. 오히려 최초 당사자들이 간신히 뜯어 말리고 다시 교실 안으로 들어갔다.

그날 이후 그 친구들의 고향 친구들이 우리 교실을 드나들며 나를 위협했다. 쉬는 시간마다 우리 교실에 와서 나를 빤히 쳐다보거나 자기들끼리 뭐라고 하면서 웃어댔다. 화장실에 드나들 때도 복도에 등을 대고 서서 나를 놀리며 뭐라고 하는 것 같았다. 애써 태연한 척했지만 신경이 쓰였다. 점차 학원 다니기가 싫어졌다. 부모님께는 차마 얘기는 못 하고 여름 방학 이후에는 학원비도 아끼고 학원까지 왕복하는 시간도 절약되니 집 근처 독서실에서 시험공부를 하겠다고 했다.

독서실에서 나름 열심히 하였으나 시간이 갈수록 긴장이 풀렸다. 그때 마침 LA올림픽이 열린 해였는데 TV의 유혹을 뿌리치지 못하고 TV 앞에서 한두 시간을 보냈다.

여름이 점점 물러나고 날씨가 시원해질 즈음 갈수록 자신감이 떨어지고 있었다. 어느 날 갑자기 아버지가 육군 사관 학교에 지원해보지 않겠냐고 하셨다. 지금만큼은 아니지만 당시에도 사관 학교의 인기는 제법 좋은 편이었다. 등록금이 없이 국비로 교육받았고 육사 출신들이 대통령을 비롯 정부 요직을 차지하고 있었기 때문이다. 어차피 재수의 결과에 대해서 자신이 없던 차에 귀가 솔깃해졌다. 입시 요강을 보니 내 성적은 합격하는 데 별 어려움이 없어보였다.

한달 간 체력 단련을 하고 시험을 보러갔다. 신체 검사, 면접은 무난히 치뤘다. 면접 볼 때 수험생들에게 지원동기를 물어보았다. 뻔한 답변들이었다. 국가에 충성하고 통일을 완수하는 데 일조하고 싶다가 대부분이었다. 그런데 특이하게도 아예 대놓고 대통령이 되기 위해 지원했다는 아이들도 몇몇 있었다.

신체 검사도 무사히 통과 후 체력 시험을 보았다. 세 과목 중 두 과목까지 무난히 합격했다. 하지만 마지막 오래달리기에서 과락을 하고 말았다. 9킬로미터를 14분 내에 달려야 하는데 시간 내에 들어오지도 못했고 기록도 거의 꼴찌에 가까웠다.

마지막 관문을 통과하지 못해서 허탈했다. 한달 넘게 군인이 되는 상상을 했었는데 하루아침에 모든 꿈이 깨지고 말았다. 기대했던 육사마저 떨어지자 마음이 조급해졌다. 학력고사까지 채 두 달이 남지 않은 상태였다.

05

/

항상 나보다 조직이 우선이었다

우여곡절 끝에 재수를 마치고 서울의 상위권 대학에 진학하였다. 나의 재수는 성공적이라고 할 수 없었다. 점수가 전년 대비 많이 오르지 않았기 때문에 원하는 대학이냐 학과냐를 두고 또다시 극심한 눈치 작전을 펴야 했기 때문이다. 원하는 대학의 원하는 과를 지원하기엔 위험했다. 재수까지 한 마당에 또다시 모험을 할 수 없었다.

아버지와 형이 나온 학교의 어문 계열을 지원하려고 했으나 어머니는 무조건 안된다고 고집을 피우셨다. 당시 살림을 도맡아 하셨던 어머니의 의견을 반대하면 집안이 시끄러워졌다. 어머니는 아버지가 하는 주장은 그냥 싫은 거였다.

　아무도 어머니의 고집을 못 꺾고 다른 서울 안에 있는 대학에 무난히 진학하였다. 하지만 왠지 아쉬웠다. 홧김에 잠시 반항했다. 먼저 입학 전에 하는 오리엔테이션에 빠졌다. 집에는 오리엔테이션에 간다고 속이고 친구들과 술 마시고 돌아다녔다. 2박 3일간 실컷 놀다가 친구 집으로 들어갔다. 그러나 친구 집에 들어가니 분위기가 심상치 않았다. 친구 어머니가 연락도 없이 어디 갔다 왔냐고 하시며 우리집에서 많이 걱정하신다고 했다. 바로 우리집에 전화를 하셨다. 친구 어머니는 친구가 집에 이틀간 안 들어오니 우리집에 전화를 하신 것이다. 우리집에서는 내가 대학교 오리엔테이션에 갔다고 하자 친구 어머니는 무슨 소리냐 자기집에 들렀다가 아들과 같이 나가선 이틀 동안 소식이 없다고 했다. 그때부터 우리집에서도 나를 찾느라 난리가 났었다.

　친구 어머니의 전화를 받고 아버지가 날 데리러 오셨다. 아니 날 체포하러 오신 것이다. 아버지는 나를 보시자 "가자." 이 한마디만 하고 앞장서셨다. 택시 안에서도 부자간에 아무 대화가 없었다. 집에 들어가자마자 아버지는 대걸레만 한 몽둥이를 가지고 오셨다. 나를 징벌하려고 미리 준비하고 계셨다. 나는 풀스윙으로 허벅지 5대를 맞았다. 많이 아팠지만 변명의 여지가 없었기 때문에 죄송하다고 했다. 그때까지 한 번도 문제를 일으킨 적이 없었던 아들이었는데 전에 안 하던 짓을 했고 무엇보다 부모를 속였다는 점이 아버지를 너무 화나게 했다고 하셨다. 나중에 2박 3일간 같이 있던 친구들이 내 허벅지의 몽둥이 자국을 보고 눈이 휘둥그레지고 입을 못 다물었다.

입학 후엔 비록 내가 간절히 원하던 학교는 아니었으나 그래도 입시 공부에서 해방되었으니 마음껏 놀아보자고 마음 먹었다. 대개의 1학년 학생들이 그러하듯 미팅에 꼭 참석하고, 술 마시고 운동도 열심히 했다.

입학하자마자 검도반 써클에 가입했다. 수업은 빼먹어도 운동은 매일 열심히 했다. 선배들이 유망주가 새로 들어왔다고 좋아했다. 운동 전 준비 운동은 맨발로 학교 전체를 구령에 맞춰 구보하는 것이었다. 구령에 맞춰 뛸 때 호기심 가득한 여학생들의 시선을 즐겼다. 검도 연습장엔 항상 구경꾼들이 있었다. 우리가 지하층에서 운동할 때 1층 난간을 통해 구경할 수 있었는데, 어쩌다 자기 걸프렌드가 구경하는 날에는 대련이 더욱 격렬해졌었다. 운동 후에는 단체로 술을 마시러 갔다. 아무튼 입학 직후부터 공부하고는 담을 쌓고 지내고 운동과 연애 이렇게 시간을 보냈다.

매년 5월엔 E여자대학교 축제가 열린다. 그해 5월 나는 써클실에서 국어 과목 과제를 하고 있었다. 우리 학교는 매 2주마다 3편의 독후감을 제출해야 했다. 독후감을 제출하면 조교들이 첨삭해서 돌려주었고 성적에 반영했다. 과제를 하고 있는데 검도반 선배가 E대 축제에 놀러가자고 했다. 내가 가고 싶지만 독후감 제출 마감일이라 곤란하다고 하자 선배는 나의 파트너도 미리 주선해놨으니 같이 가야 된다고 했다. 그리고 자기가 도와주겠다고 하며 독후감 한 편을 써주었다. 덕분에 과제를 제출하고 축제에 가서 마음껏 놀았다.

일주일 뒤 벽보에 부정 행위자로 내 이름이 게시되었다. 조교실로 달려가서 무슨 일이냐고 물었다. 내가 어째서 부정 행위자냐고 물으니 독후감을 본인이 작성하지 않고 대리 작성했기 때문에 부정행위라는 것이다. 그러면서 제출된 독후감 중 글씨체가 완전히 다른 것을 보여주었다. 당시엔 과제물을 MS워드나 아래 한글 프로그램이 아니라 원고지에 손글씨로 작성했기 때문에 글씨체가 다른 게 확연히 보였다. 내가 대리 작성을 시인하자마자 조교는 이번 학기 국어 과목은 자동으로 F라고 했다. 전혀 예상치 못한 일에 강력하게 항의하였다. 독후감 하나 때문에 국어 과목 전체를 F학점 주는 게 어딨냐고 거칠게 따졌다. 조교는 여자 대학원생이었는데 조교실에서 서로 고함을 지르며 말싸움을 하는 바람에 아수라장이 되고 다른 조교들도 모여들었다. 나는 이성을 잃고 고함치는데 갑자기 조교가 울음을 터뜨렸다.

그것으로 모든 상황이 갑자기 끝이 나버렸다. 내가 미안하다고 사과한 후 조교실을 나와야 했다.

대학교 1학년 내내 공부하고는 담을 쌓고 운동, 미팅, 술로 지냈었다. 1
학년 말 학사 경고로 아버지를 학교에 모시고 가야 할 때까지 마음을 못
잡고 방황했다.

다행히도 방황은 1년으로 끝냈다. 공부에 미치지는 못해도 최소한 어
느 정도 성적을 유지할 수 있는 성실한 생활로 돌아왔다. 나는 무슨 일이
든 과도한 것은 피한다. 본능적인 이유이든 성격적인 이유이든 간에 지
나친 것은 피한다. 중고등학교 시절 성적이 항상 전교에서 수위를 다투
는 친구들을 보면 이질감을 느꼈다. '저건 비인간적이야, 지나쳐.' 사람이
적당히 즐길 줄도 알아야 한다고 생각했다. 하지만 이런 성격이 현재 나
의 모습을 만들었음을 인정하지 않을 수 없다.

대학 졸업 후 다행히 월급을 많이 준다는 은행에 취업하였다. 국책 은
행과 시중 은행 두 군데 지원하였는데 하필 필기 시험날이 겹쳤다. 내 성
향으로는 국책 은행이 맞다고 생각했다. 그리고 제대 후 기독교 써클 활
동을 열심히 하던 때였는데 당시 선교사님은 국책 은행을 추천하셨다.
그 은행에 기독교 모임이 잘 조직돼 있어서 내가 계속 신앙생활을 유지
하기 쉽다는 이유였다. 하지만 그 결정에도 모친의 입김이 작용했다. 조
금이라도 월급을 더 많이 주는 곳으로 갔으면 좋겠다고 하셨다. 그리고

내가 신앙생활에 너무 빠지는 것을 원치 않으셨기 때문이다.

　첫 발령지는 집에서 멀지 않은 영업점이었다. 누구나 처음 사회생활을 시작할 땐 어리버리하다. 당연한 일이다. 처음부터 잘하면 그게 더 이상할 일이다. 처음에는 업무적으로 실수도 많이 했고 야단도 맞았다. 처음 6개월간은 여성 책임자의 짜증이 스트레스였다. 그래도 시간이 지나면서 업무적으로는 익숙해져갔다. 그러나 인간관계나 조직생활 이런 부분은 빨리 적응하지 못했다. 지금 생각해보면 학생 마인드에서 벗어나지 못했던 것 같다.

　은행 입행 후 처음 맞는 부활절 때 나는 세례를 받기로 돼 있었다. 세례 받기 전 의무적으로 목사님과 면담하고 세례 문답을 해야 됐다. 그런데 하필 그날 지점장께서 나를 비롯해서 서열이 낮은 직원들과 회식을 갖고자 한다고 하셨다. 일종의 번개 회식이었다. 담당 책임자에게 있는 그대로 사정을 얘기했다. 그러나 책임자는 다른 사람은 몰라도 나는 반드시 참석해야 된다고 했다. 요즘이라면 세례 받기 위해 빠져야 된다고 하면 당연히 가라고 할 것이다. 할 수 없이 지점장께 직접 얘기하고 그냥 교회로 가버렸다. 지점장은 많이 서운해했다. 감히 신입 직원이 지점장에게 허락이 아니라 통보만 하고 가다니. 지점장뿐 아니라 많은 직원들이 내 행동을 이해하지 못했다.

내가 책임자가 되어 지점장을 모시고 거래처와 식사 자리에 간 적이 있다. 그런데 메뉴가 개고기였다. 대여섯 명이 앉은 자리에서 나만 개고 기를 먹지 못했다. 거래처 간부는 내가 안돼 보였던지 다른 메뉴를 시켜 줬다. 지점장은 그런 나를 마음에 안 들어 했다. 억지로라도 먹기를 바랐 을 것이다. 나에 대한 감정의 표시로 데코레이션용 개의 다리 부분을 일 부러 내 앞으로 모았다. 그리고 먹고 난 개뼈들도 일부러 먹어보면 맛있 다며 내 앞에 놓았다. 나는 속으로 화가 났지만 그래봐야 나만 손해였다. 먹는 척이라도 할 걸 하는 후회를 했었다.

회사에서는 직장인들에게 항상 개인보다 조직을 우선시해야 된다고 신입 때부터 정신 교육을 시킨다. 조직이 잘돼야 나도 잘된다. 틀린 말이 아니다. 그런데 이런 사고가 한때 너무 경직되게 만연해 있어서 개인의 사생활과 취향을 과도하게 악으로 몰아가던 때가 있었다.

지금은 자칫 개인의 사생활을 과도하게 통제했다가는 고소당할 것이 다. 많이 자연스러워졌지만 30년 가까이 직장생활 하는 동안 나는 자연 스럽게 누려야 할 개인의 자유도 눈치를 보게 되었다. 누가 뭐라고 할까 봐 신경을 쓰는 것이 하루아침에 고쳐지지는 않을 것 같다. 자기 스스로 하나씩 자유를 확장시켜야 할 것이다.

/

06

성공한 직장인이었다면 후회가 없을까?

직장인으로서 성공했다는 의미는 무엇일까 생각해보았다. 대부분 직장인들은 입사하면서 자신의 포부를 말할 때 임원으로 승진하는 것이라고 한다. 그러나 같이 입사한 사람들 중 극소수만 임원으로 승진한다. 비록 임원으로 승진은 못 하더라도 고위직까지 승진하고 오래 다니면 성공한 직장인이라고 할 수 있을 것이다.

임원이 되면 보수도 상당하다. 매년 공개되는 상장기업의 임원 보수를 보면 수십억 원에 달한다. 국내 재벌 기업의 임원으로 1년만 근무하더라도 일반 직원의 수십 년치 연봉에 해당하는 금액을 받는 것이다. 임원 되기가 힘들지 일단 승진하고 나면 노후 걱정은 별로 하지 않아도 되지 않을까 싶다. 보수 뿐만 아니라 임원들의 처우도 장난이 아니다.

그러나 우리나라 100대 기업의 임원 승진 비율은 1%도 안된다. 같이 입사한 사람들이 100명이라면 그중 임원으로 승진하는 사람이 한 명도 안 나올 수도 있는 것이다. 그래서 임원을 샐러리맨의 별이라고 한다. 하늘의 별 따기만큼 어렵다는 말이다. 기업체뿐 아니라 군인, 경찰, 판사, 검사 등 공무원들 세계도 마찬가지다. 연예계에서 스타가 되기는 더 어렵다.

10여년 전 방송국 근처 지점에서 근무할 때였다. 그 지점에서는 연예인들을 심심찮게 볼 수 있었다. 하루는 지점 안에서 왔다 갔다 하다가 VIP룸에서 유명한 배우가 된 중학교 동창을 만났다. 자기 순서를 기다리다 눈이 마주친 것이다. 다행히 그 친구도 나를 알아봤다.

그 친구는 중학교 다닐 땐 체구가 작고 공부도 썩 잘한 편도 아닌 한마디로 존재감이 없는 친구였다. 그래서 연예인이 될 거라곤 전혀 예상치 못했다. 오죽했으면 그 친구가 처음 TV에 나왔을 때 친구들끼리 드라마 어디 어디에 나온 애가 걔 아냐? 서로 확인 전화를 했을 정도였다.

오랜만에 반갑게 인사하고 잠시 차 한잔 마시면서 대화를 나누게 되었다. 학창 시절을 얘기하면서 그 친구에게 연예인이 될 거라곤 전혀 예상치 못했다고, 다른 친구들도 그렇게 얘기하더라고 말해줬다. 그 친구는 원래 배우들이 성격이 활달한 거 같이 보여도 자기처럼 내성적인 사람들이 많다고 했다.

요즘 잘 나가는 거 보니 돈을 엄청 벌겠구나 하고 우스갯소리를 하니 그 사리에 있기까지 그동안 고생을 엄청 했다고 했다. 그리고 TV나 영화에 나와서 얼굴이 알려지는 비율은 그 세계 종사자 중 극히 일부라고 했다. 역시 어느 조직이나 별이 되는 비율은 극소수이고 그 보상은 일반인들이 상상하는 그 이상이라는 걸 알게 됐다.

그렇다면 어떤 사람이 임원이 될까?

"임원은 CEO의 의중을 파악하여, 자신의 조직과 직무를 전략적 연계선상에서 점검하고 소통하여 한 방향으로 정렬시켜야 하며, 직원들이 불필요한 일을 하지 않도록 명확한 방향을 제시해주는 사람이다. 또한 조직 전체를 생각하며 의사결정을 해야 한다. 길고 멀리 보는 통합적 관점에서 CEO와 회사 전체의 이익을 생각하며 이해관계 사이에서 중지를 모으고 신속하게 의사결정을 해야 한다. 그리고 임원은 행동으로 본보기가 되어야 하는 사람이다."
- 『나도 임원이 되고 싶다』(홍석환) 중에서

대상이 CEO에 대한 것이든 조직에 대한 것이든 일단 충성심이 있어야 한다. 그리고 능력이 있어야 한다. 이것이 기본적으로 전제되어야 한다. 그다음은 조직 내에서 '인싸'가 되어야 한다. 내가 몸 담고 있는 조직 내에선 '아싸'가 임원이 되는 걸 본 적 없다. 내가 같이 근무했거나 개인적으로 알고 있는 분 중 임원이 되신 분들이 여러 명 있는데 조직 내에서 아웃사이더는 없었다. 직원들은 말을 안 해도 누가 인싸인지 아싸인지 속으론 평가를 내린다.

각 회사마다 연말에 직원 간 다면 평가를 실시한다. 개인 스마트폰으로 하기 때문에 누가 누굴 평가하는지 모른다. 직접 평가를 해보면 평가 대상 직원의 평소 이미지가 많이 좌우하게 된다. 왜 그렇게 평가하는지 판단 근거는 상당히 주관적일 수밖에 없다. 따라서 평소 그 사람 이미지가 좋거나 자기에게 잘 대해주면 점수가 후하고 평소에 이미지가 안 좋으면 뚜렷한 이유 없이 점수를 박하게 주게 된다.

그래서 매번 평가할 때마다 느끼는 것은 연예인도 아닌데 인기 관리를 해야 하나 싶었다. 윗사람이 아랫사람에게 싫은 소리도 눈치 봐야 하고 반대로 아랫사람은 고분고분하지 않으면 윗사람이 점수를 박하게 줄까 걱정한다. 동료끼리 평가할 때도 누가 누구를 평가하는지 모르기 때문에 나도 모르게 디스당할 수도 있는 일이다. 실제로 어떤 지점장은 나에게 인기 관리 좀 하라고 한 적도 있었다.

어쨌든 평가가 잘 나오려면 인간관계가 좋아야 한다. 인간관계가 안 좋으면 평가가 좋게 나올 리 없고 평가가 안 좋으면 임원이 될 수 없다.

내가 모셨던 어떤 지점장은 자신에 대한 주관식 평가 결과를 보고 많이 분개했었다. 부하 직원들이 본인에 대하여 장단점을 서술한 것을 본 것이다. 사실 직원들은 어떤 사람에 대하여 장단점을 쓰는 걸 귀찮아한다. 솔직히 별로 관심도 없다. 그런데 장단점을 꼭 써야 하니까 아무 생각 없이 그냥 느낌을 쓰는 것이다. 그 지점장은 서술형으로 쓰여진 자신의 단점들을 읽고 나서 마음의 상처를 입은 것이다. 본인은 직원들에게 참 잘해준다고 생각했었는데 여과없이 쓴 것을 보고 섭섭한 마음이 든 것이다. 특히 평소에 자기가 더 신경을 써준 직원한테서 더욱 섭섭함을 느꼈다. 지점장에겐 블라인드 처리돼서 보여주지만 누가 썼는지 자기는 알 수 있다고 했다. 나중에 직원들에게 간접적으로 들은 얘기는 그 지점장은 평소에 늦게 퇴근해서 직원들의 불만이 많았다고 했다. 영업점 실적은 좋았으나 지점장이 늦게까지 퇴근을 안 하니 직원들도 빨리 퇴근할 수가 없었던 것이다. 결국 그 지점장은 더이상 승진하지 못하고 지점장으로 퇴직했다.

임원으로 승진하지 못하면 성공한 직장인이 아닌 것인가? 임원 승진에 관심이 없는 사람들에겐 다른 얘기일 것이다.

얼마 전 직장인으로 32년간 근무하고 퇴직을 앞둔 분이 신문에 소개된 적이 있었다. 국내 굴지의 대기업에서 30여 년간 근무하며 자기 계발과 재테크에 관심을 갖고 실천하여 좋은 결실을 거두었다고 했다. 본인 말에 의하면 당장 퇴직하더라도 직장 다닐 때보다 3~4배의 소득이 발생하도록 만들어 놓았고 석사 박사 학위를 취득하여 퇴직 후 할 일을 준비했다고 했다. 그런데 막상 나가서 할 일을 찾아보니 직장에서의 업무 경험은 밖에서는 아무 쓸모가 없더라고 했다.

퇴직하면서 한 가지 후회되는 점은 일찍부터 임원 되는 것을 포기한 것이라고 했다. 포기하지 않았다고 해서 임원이 된다는 보장은 없지만 임원 대신 자기 자신의 역량개발을 선택한 것이다. 그리고 정작 퇴직 이후를 그토록 준비했는데도 눈앞에 닥친 퇴직이 두렵다고 했다. 막연히 매일 아침마다 출근할 곳이 사라진다는 사실이 불안한 것이다. 내가 더 주목한 것은 기사 밑에 달린 댓글들이었다. 99%가 악플이었다. 자기 자리에서 나름 성실하게 직장생활한 사람에게 왜 그렇게 악담을 퍼붓는지 공감할 수 없었다.

직장인 중 상위 1%의 임원이든 임원이 못 되었더라도 고위직까지 승진하여 비교적 성공한 직장인에 속하든 퇴직 이후 경제적 여유가 없으면 역시 후회가 남을 것이다. 회사가 퇴직 이후의 삶까지 책임지지 않기 때문이다. 직장에서의 업무 경험은 대부분 아무 쓸모도 없다. 이럴 줄 알았으면 회사 다닐 동안 미리 준비해둘걸 하는 마음이 들면 성공한 직장인이나 실패한 직장인이나 후회가 남기는 마찬가지일 것이다.

/

07

100세까지 살면 어떡하지?

최근에 인구 관련 통계들을 발표하는 미디어들은 하나같이 걱정스러운 제목을 뽑는다. 단순히 통계치만 나열하는 기사도 독자들을 걱정하게 만든다. 우리나라 합계 출산율이 1.0명 이하가 된 지는 벌써 10년이 넘었다. 2021년도 출산율은 0.81명이다. 총인구는 2020년 5,184만 명으로 정점을 찍고 감소하고 있다.

코로나 팬데믹 이전에는 우리나라가 이러다 소멸하는 게 아닌가라는 집단적 공포 분위기가 있었다. 하지만 코로나 이후부터는 무감각해졌다. 출산율이 0.9명대가 지속될 때만 해도 호들갑을 떨었는데 가장 최근 통계치 2021년도 출산율 0.81명이라는 발표에도 다들 덤덤하다. 매스컴들이 호들갑을 안 떠니 일반 국민들도 아 그런가 보다 하고 별로 놀라지 않는 것 같다. 사회 관심이 온통 코로나 관련 확진자 수와 사망자 수에만 몰려 있다 보니 출생률엔 관심이 멀어졌다. 출산율 0.81명이 당장 우리 생활에 영향을 끼치지 못하는 대신 코로나로 인한 사망은 현재의 재앙이기 때문일 것이다.

단순히 인구 숫자가 감소하는 것보다 더 큰 문제는 인구 구조에 있다.

고령 사회 : 65세 이상 인구가 총인구의 14% 이상
초고령 사회 : 65세 이상 인구가 총인구의 20% 이상

통계청이 최근 발표한 인구 전망에 따르면 우리나라는 2020년도에 65세 이상 인구가 14.9%였고, 2022년 현재 **고령 사회**다.

2025년에는 65세 이상 인구 비율이 20%, 인구 수로는 1,000만 명으로 초고령 사회가 된다.

2035년에는 65세 이상 인구 비율이 30% 인구 수로는 1,500만 명 넘어설 것으로 전망했다.

2060년에는 65세 이상 인구 비율이 43.9% 예상. 총인구의 절반 가까이가 노인이 된다. 지하철이나 버스의 노약자석과 일반석의 위치를 바꿔야 할 판이다.

2030년에는 일본을 제치고 세계 최장수 국가로 등극할 전망이다.

2020년 기준 한국인의 평균 기대 수명은 83.5세이다. 남성은 80.5세, 여성은 86.5세이다. 이런 통계치를 가장 극명하게 보여주는 것이 있다. 부고란이다. 내가 다니는 교회 부고란에는 고인의 나이도 같이 적혀 있다.

한때 우리나라 방송은 100세 이상 노인이 투표장에 나타나 한 표 행사하는 장면을 카메라에 담아 뉴스로 내보낼 때가 있었다. 하지만 교회 부고란에서 고인의 나이 100세 이상은 이제 더이상 낯설지가 않다. 대개 80대 90대 초고령 노인들이고 70대 노인들은 조금 일찍 가셨다는 느낌이 든다. 그리고 60대 이하 사망자는 자연사가 아닐 가능성이 높다. 사고사나 암 같은 불치병 환자인 경우가 대부분이다.

우리나라는 OECD 국가 중 노인 자살률이 1위다. 자살을 한 번이라도 생각해본 적이 있다는 65세 이상 노인들은 그 이유를 27.7%가 경제적 빈곤으로 인한 생활비 문제, 27.6%가 건강 문제, 18.6%가 부부, 자녀와의 갈등과 단절로 들었다. 노인들의 행복을 방해하는 요소 3가지 빈곤, 질병, 고독감이 그대로 반영돼 있다.

1990년대 중반, 금융권에서는 개인 연금 신탁 유치를 위해 총력전을 벌인 때가 있었다. 정부에서는 이미 고령 사회 도래를 예측하고 국민의 노후 생활 보장을 위해 도입한 것이다. 신상품이 출시되면 늘상 그렇듯이 은행에서는 캠페인을 벌였다. 실적 증대를 위해 직원 본인은 물론이고 친인척, 지인을 총동원하는 게 보통이었다.

어느 날 아침, 캠페인 관련 회의 도중 누군가 다른 지점에서는 80세 넘은 모 정치인의 장인이 가입하셨다고 했다. 순간 모든 직원이 폭소를 터뜨렸다. 저마다 한마디씩 했다. "아니 당장 내일 돌아가실지도 모르는 양반이 무슨 개인 연금이야."라고 떠들었다. 한바탕 웃고 나니 무거웠던 회의 분위기에 활기가 돌았다. 가라앉은 회의 분위기를 살려보고자 누군가 우스갯소리로 한 것이었을 수도 있다. 그런데 지금은 누가 함부로 그 노인을 농담거리로 삼을 수 있을까. 당시 회의에 참석했던 사람들 대부분 퇴직했거나 정년을 앞두고 있을 것이다. 노후 생활의 보장은 나와 그들의 문제로 다가와 있다.

최근 신문 기사에 따르면 급속한 고령화의 영향으로 청각, 신장 장애가 급증하고 있다고 한다. 2021년도 신규등록 장애인 중 청각 장애인이 28,525명(32.8%)으로 가장 많았다. 그리고 눈에 띄는 특징은 당뇨병 환자가 폭발하면서 신장 장애인(8,948명)이 크게 늘었다는 것이다. 교통사고나 사건, 사고가 줄고 도로 여건, 의술이 발달하면서 지체 장애인은 줄어든 대신 청각 장애, 신장 장애인이 크게 증가했는데, 이 현상은 고령화의 영향이라고 했다.

신장 장애가 무서운 이유는 주기적으로 신장 투석을 통해 혈액의 노폐물을 걸러내야 한다는 것이다. 4시간에 걸쳐 피를 전부 꺼내 거르고 다시 몸으로 주입하기 때문에 육체적으로 힘들고 경제적으로도 부담이 많아진다. 더욱 기가 막힌 것은 신장 장애인의 70%가 기초생활보장 수급자란 사실이다. 몸 상태가 좋지 않으니 일하기가 힘든 것이다. 그리고 면역력이 약해져서 일반 복지관에 가기 힘들고 환자 대다수가 집에 고립돼 있어 우울증을 앓는다고 했다.

더욱 심각한 것은 청각 장애다. 사람은 60세가 되면 30~40%, 80세 이상은 80%에게 난청이 온다고 한다. 수명이 길어지니까 과거에 겪지 않은 난청이 오고 청각장애인도 늘어난다고 한다. 난청이 오면 다른 사람들과 대화가 불가능해져 사회활동에 지장을 초래한다. 정서적 우울증이 생기고 뇌 기능이 떨어져 인지 능력이 감소하여 결국 치매의 원인이 된다고 한다.

나는 청각 장애도 문제지만 그로 인해 치매로 발전하는 게 최악이라고 생각한다. 나를 잃어버리고 놓치는 것이다. 나의 모친은 3년 전부터 치매로 장애자가 되셨다. 성격이 까탈스럽고 꼬장꼬장 하셨는데 서서히 어린아이가 되셨다. 환자 본인은 힘든 것을 모르지만 주변인들이 힘들어진다. 치매로 인해서 간병을 하던 부부 혹은 부모 자식 간에 살인 사건이 종종 발생하는 이유는 그만큼 고통이 크기 때문일 것이다. 치매가 곧 사회 문제가 되는 이유이다.

최근에는 치매 환자로 등재되면 정부에서 등급에 따라 요양 비용을 보조해주고 있다. 때문에 요즘은 요양원이나 요양병원 숫자가 크게 늘어났다. 또한 치매 관련 보험 상품이 관심을 끌고 있다.

내가 생각하는 나의 기대 수명은 최소한 85세 정도다. 우리나라 남성의 평균 기대 수명과 내가 스스로 생각하는 건강 상태를 감안했을 때 사고가 나지 않는다면 80대 중반까지는 살 수 있을 거 같다. 그런데 요즘 빠른 속도로 늘어나는 기대 수명 전망을 보면 이러다 나도 100세까지 갈 수도 있겠다는 생각이 들기 시작했다. 일찍 죽는 것도 그렇지만 100세까지 사는 것도 썩 달갑지는 않다. 주변에 어르신들에게 "100세까지 사셔야죠." 그러면 악담하지 말라고 한다. 이유는 비슷할 것이다. 100세까지 버틸 건강과 경제력을 자신하지 못하기 때문일 것이다.

나도 그 두 가지가 염려된다.

첫째, 생활비 문제, 연금 개혁 없이 이대로 간다면 국민연금은 20년 후면 고갈된다. 그래서 노동 수입이 끊기고 연금 수입이 끊겨도 죽을 때까지 소득이 발생하는 구조를 만들기 위해 인세수입을 위한 자산 구축을 시도하고 있다.

둘째, 건강 문제. 노후를 위해 아무리 많이 저축을 했더라도 암과 같은 중병이 발생하면 치료비를 감당하기 쉽지 않고 치매라도 걸리면 모아놓은 자산은 아무 의미가 없다. 질병에 걸리지 않는다고 아무도 장담하지 못하지만 적어도 피하기 위한 노력은 해야 된다. 우선 운동은 필수이고 면역력을 강화하고 항산화 작용을 하는 음식과 영양제를 꾸준히 한 살이라도 젊을 때부터 복용하는 것이다.

2장

남을 위해 살아온 지금까지의 인생을 잊어라

01

/

송충이는 꼭 솔잎을 먹어야 하나

승진에서 계속 누락되고 있던 차에 소싯적에 같이 근무한 적 있는 고위 임원에게서 간접적으로 들은 얘기는 나이 때문에 더 이상 승진이 어렵게 됐다는 것이었다. 그동안 무엇 때문에 안되는지 정확히 얘기를 안해주다가 이젠 나이가 많아서 안 된다고 하니 허탈했다. 혼자 지난 일들을 돌아보며 추측하고 자학만 하다가 뭔가 탈출구가 없을까 해서 인터넷을 많이 찾아보았다.

그러나 인터넷에 고급 정보가 있을 리가 없다. 이미 나와 같은 사람들이 실시간으로 정보를 보기 때문에 좋다고 소문 나면 삽시간에 몰려든다. 그걸 이용해서 영업하는 사이트도 넘쳐난다. 아무리 봐도 특별히 할 줄 아는 게 없으니 은행을 나가면 몸으로 때우는 것밖에 할 게 없어 보였다.

　같은 교회의 장로님 한 분은 오래 직장생활하다가 직접 회사를 차리셨다. 피고용인에서 고용인으로 신분이 바뀐 것이다. 회사에 다닐 때는 회사 자금을 관리하는 업무만 하셨다고 했다. 그래서 은행원들의 행태를 잘 안다고 했다. 일반 회사의 자금 부서는 일당백의 업무를 한다고 했다. 은행 직원들은 정해진 업무만 하고 규정에 어긋나면 안된다고 간단히 거절하면 되지만 기업체, 특히 중소기업체의 직원들은 안 되는 일이 있으면 되게끔 해야 되는 일이 많기 때문에 나중에 독립하거나 혹은 다른 회사에 취직하더라도 경쟁력이 있다고 했다. 그러면서 자기는 은행원이나 대기업 출신들은 별로 뽑을 생각이 없다고 했다. 쓸모가 없다는 것이다. 나를 두고 하는 말 같아서 얼굴이 화끈거렸다. "네, 맞습니다." 하고 맞장구 칠 수밖에 없었다.

　우리나라 사람은 한 번쯤 이민을 꿈꿔본다고 한다. 나도 막연하게나마 해외에서 살아봤으면 좋겠다는 상상을 해본 적이 있었다. 이민에 대해서 환상을 갖게 한 계기가 여러 차례 있었기 때문이다.

　그 첫 번째가 호주로 신혼여행 갔을 때였다. 신혼부부 8쌍이 함께 돌아다녔는데 호주의 자연환경은 그야말로 기가 막히다고 익히 알고 갔지만 막상 가서 보니 정말 천국처럼 보였다. 골드코스트 해변의 백사장, 시드니 오페라하우스, 양떼 목장 등등 유명한 곳은 다 돌아다녔다. 거기다 가이드의 과장도 한몫했다. 당연히 좋은 점만 부각시키고 신혼부부들에게 환상을 심어주는 말만 했다. 전부 돌아가기 싫다고 아우성이었다. 저녁 때는 신혼부부들이 가이드를 개인적으로 찾아가서 어떻게 하면 호주에 이민 올 수 있냐고 물어봤다. 특히 여성들의 표정이 정말 진지했다.

가이드도 한국에서 온 이민자였는데 자기의 경험담을 늘어놨다. 자기 와이프는 학생이고 자기가 가이드로 돈을 벌어 공부시키고 생활하고 있다고 했다. 그러면서 호주로 이민 올 생각 있으면 한국에 돌아가서 타일 기술을 배우라고 했다. 시드니올림픽 준비로 타일공 수요가 많이 생길 것이 예상된다며 타일 기술이 있으면 유망할 것이라고 했다. 나도 한국에 돌아와서 타일 학원에 대해서 알아봤다. 그런데 이민 정보 사이트에 이미 타일공에 대한 정보가 넘쳐나고 과장된 면도 많다고 부정적인 댓글이 많아 금방 관심이 시들해졌다. 거기에다가 바쁜 일상이 빠르게 환상에서 현실로 돌아가게 했다.

두 번째는 내가 다니던 미용실에서였다. 뉴타운 재개발로 신흥 밀집 주거지로 떠오른 지역에 근무할 당시 우리 지점 바로 옆에 미용실이 있었다. 나는 원래 미용실에서 머리를 깎지 않는데 미용실 여사장이 주요 거래처라 남직원들은 모두 바로 옆의 미용실에서 깎게 되었다. 내 전담 미용사가 있었는데 남자였다. 몇 개월간 다녔어도 별 대화를 안 나눴는데 어느 날 내 머리를 깎으면서 자기는 곧 캐나다로 이민을 간다고 했다.

"갑자기 웬 캐나다? 거기 누가 살아요?"
"아뇨, 미용 기술로 이민 허가 떨어졌어요"

미용사는 이렇게 말하는 것이었다. 한국에서는 남자 미용사가 별로 대접을 못 받지만 캐나다에서는 돈을 많이 받고 대우가 좋다고 했다. 그 미용사에게 대학 나오면 뭐하냐, 당신처럼 미용 기술이나 배울 걸 그랬다며 정말 부럽다고 했다.

캐나다라는 나라가 워낙 이미지가 좋아서 우리나라 사람 대부분 이민 희망 국가 1위가 캐나다인데 그 미용사가 캐나다에 연고 없이도 자기의 기술로 이민을 간다고 하니 그저 부러울 뿐이었다.

세 번째는 학교 선배이자 직장 동료인 선배가 희망 퇴직 후에 미국으로 이민을 떠났을 때였다.

아무도 모르게 준비하고 있다가 모든 지인을 놀라게 한 것이 나를 자극했다. 그때 정말 진지하게 알아보기 시작했다.

이민에 관한 정보를 얻는다는 것이 기껏해야 관련 사이트에 들어가서 검색하는 것이 전부인데 자세히 알아볼수록 나같은 문과 출신은 기회가 많지 않다는 것을 알게 되었다.

그런데 어느 날 내가 근무하는 건물에서 매주 해외 이주 설명회가 열리고 있다는 것을 우연히 알게 되었다. 우리 은행의 해외 유학 이주 센터에서 외부 업체와 제휴해서 토요일마다 설명회를 개최한다는 것이었다. 그래서 해외 이주자들이 국내 재산 반출 시 해외 송금을 하기 때문에 좋은 수익 구조인 것이다.

나도 날 잡아서 예약하고 설명회에 갔다. 설명회에 온 사람들은 20대 후반부터 노년층까지 연령층이 다양했다. 생각보다 많은 사람들이 이민을 생각하고 있다는 것이 놀라웠다. 젊은 세대들은 주로 취업 이민을 생각하고 있었다. 경력, 학위, 어학 능력 등을 점수로 환산해서 일정 점수 이상 돼야 했다. 취업 이민은 특히 나이가 적을수록 훨씬 유리했다. 나이가 많은 중장년층 이상은 점수 따지지 않고 일정 금액 이상 투자하면 갈 수 있는 투자 이민을 희망했다. 한마디로 돈으로 영주권을 사는 것이나 마찬가지다.

이민 희망국은 미국, 캐나다, 호주, 뉴질랜드 등 주로 선진국이었다. 설명회에서는 각 국가마다 담당자가 나와서 해당 국가의 장단점, 특징을 설명했는데 나는 설명회 장소에서는 대략적인 것만 듣고 오고 나중에 해외 이주 컨설팅 회사의 본사에 따로 상담을 신청했다. 그 업체가 다른 국가들도 이민 수속을 대행하지만 특별히 캐나다에 강점이 있다고 했다.

나는 회사 대표에게 컨설팅을 받았다. 자기네 회사는 국내 업체 중 캐나다에 가장 많이 송출한 실적이 있고 가장 오래 됐다고 했다. 그리고 캐나다 현지에도 사무실을 운영하고 있어서 까다로운 서류 작업을 잘 처리하고 경험이 풍부해서 의뢰인들의 하자를 많이 커버할 자신이 있다고 했다.

개별 컨설팅 결과 예상대로 나의 이민 점수는 턱없이 낮았다. 캐나다로 가려면 투자 이민밖에 방법이 없는데 전 재산을 처분해도 투자금 맞추기가 쉽지 않았다. 그리고 현지에 정착하려면 투자금과는 별도로 자금이 더 필요했다. 회사 대표는 가기만 하면 먹고 살 방법은 있다고 했다. 나도 갈 수만 있다면 가서 트럭이라도 몰 각오가 돼 있다고 하니 나이가 많아서 트럭 운전은 별로 권하고 싶지 않다고 했다.

내가 조금 실망하는 표정을 보이자 대체지로 포르투갈을 소개해주었다. 유럽국가이고 EU 가입국이기 때문에 다른 EU 국가에도 진출할 수 있고 투자금액도 캐나다에 비해 훨씬 저렴하다는 장점이 있었다. 6억 원 상당의 부동산만 구입하면 영주권이 나온다는 것이다. 갑자기 희망이 생겼다. 집에 돌아가서 포르투갈에 대해서 열심히 알아봤다. 유명 관광지에 모텔같은 숙박업소 건물을 매입하고 운영하면 생활비도 해결되는 구조였다.

그러나 아내를 설득하는 데 실패했다. 캐나다를 꿈꿨다가 포르투갈이라고 하니 부정적이었다. 언제 이민 병이 다시 재발할지 모르겠으나 일단 잠정 후퇴할 수밖에 없었다. 이민을 통해 답답한 현실을 벗어나고 싶어서 알아보는 동안이나마 희망을 보았다는 것에 만족해야 했다.

지금도 특별한 기술이 있는 사람들을 보면 참 부럽다. 꼭 기술이 아니더라도 그림을 잘 그리거나 노래를 잘하거나 운동을 잘하는 사람들, 아무튼 뭘 잘하는 사람들을 보면 참 보기 좋다. 그래서 무슨 일이든 남보다 특출나게 잘 하는 일이 한가지라도 있으면 좋겠다는 생각을 한다. 먼저 퇴직하신 분들 얘기는 퇴직 이후에 마땅히 할 일을 찾기 어려워서 어떻게 해서든 은행과 연관된 일을 하려고 은행 쪽을 쳐다보게 된다고 한다. 하지만 나는 이제는 금융과 관계되지 않은 일을 하고 싶다. 자기에게 익숙한 일만 하기보다는 안 해본 일을 하려면 그만큼 힘들고 시간이 필요할 것이다. 확실한 것은 어느 분야를 가든 누가 봐도 좋아 보이고 멋있어 보이는 일은 가지 않는 게 좋을 것 같다. 그만큼 사람들이 몰리기 때문이다. 경쟁이 너무 심하기 때문에 남들이 하고 싶어 하지 않는 일, 기피하는 일을 해야 기회가 있을 것이다.

경상남도 거창에 있는 거창고등학교의 직업 십계명이 있다. 읽을수록 울림이 있다.

하나, 월급이 적은 쪽을 택하라.

둘, 내가 원하는 곳이 아니라 나를 필요로 하는 곳을 택하라.

셋, 승진 기회가 거의 없는 곳을 택하라.

넷, 모든 조건이 갖추어진 곳을 피하고 처음부터 시작해야 하는 황무지를 택하라.

다섯, 앞을 다투어 모여드는 곳은 절대 가지 마라. 아무도 가지 않은 곳으로 가라.

여섯, 장래성이 전혀 없다고 생각되는 곳으로 가라.

일곱, 사회적 존경 같은 건 바라볼 수 없는 곳으로 가라.

여덟, 한가운데가 아니라 가장자리로 가라.

아홉, 부모나 아내나 약혼자가 결사반대를 하는 곳이면 틀림이 없다. 의심치 말고 가라.

열, 왕관이 아니라 단두대가 기다리고 있는 곳으로 가라.

/

02

조기 은퇴는 더 이상 선택이 아니다

최근 영국 BBC 뉴스는 '왜 일본은 저출산 국가가 됐나'란 제목의 뉴스를 유튜브에 올렸다. 단 2주만에 조회수 100만 뷰를 돌파했고 지구촌 곳곳으로부터 시청 소감 댓글 수천 개가 달렸다. 그만큼 관심이 높았다.

BBC 뉴스가 분석한 주요 저출산 원인으로 일본 남성의 가사 노동 시간이 다른 선진국에 비해 현저히 낮다는 점을 꼽았다. 일본 남성의 가사 노동 시간은 하루 41분으로 미국 남성(166분)과 비교됐다. 한국 남성의 가사 노동 시간은 하루 49분이다.

테슬라 CEO 일론 머스크도 최근 일본의 인구 감소 현상을 언급했다.

그는 트위터에 "일본은 출생률이 사망률을 넘는 변화가 발생하지 않는다면 결국 존재하지 못할 것"이라고 경고했다. 그는 지난해 일본 인구가 1억 2,550만 2,000명으로, 전년보다 64만 4,000명 줄었다는 통계를 인용했다. 일본의 2020년 기준 출산율은 1.3명이었다.

전세계가 주목하는 일본의 인구 절벽 문제, 그런데 사실 일본의 저출산 상황은 한국, 싱가폴, 대만, 홍콩, 마카오 등 다른 아시아 주요국과 비교하면 아주 심각한 것은 아니다. 영국 잡지 〈이코노미스트〉는 최신 호에서 일본 출산율이 오히려 다른 아시아 주요국에 비해 높다는 점을 지적했다.

우리는 '고령 사회의 그늘' 하면 먼저 일본을 떠올렸다. 우리나라가 일본을 따라가기 때문에 우리도 언젠가 닥칠 거라고 예상하면서도 마치 먼 훗날의 일인 것처럼 무덤덤하게 지내왔다. 그런데 세계가 일본을 걱정하는 동안 일본은 오히려 우리나라를 더 이상하게 보고 있다. 우리나라의 인구 감소 속도가 자기들보다 더 빠르기 때문이다.

우리나라의 인구 감소 속도는 일본을 훨씬 능가하고 있다. 이미 인구 감소율 전 세계 1위 국가가 되었다. 2021년 합계출산율 0.81을 기록했고 머지않아 출산율 0.7대가 예상되고 있다. 출생아 수도 전년도에 26만 500명으로 10년 내 20만 명 이하로 떨어질 것으로 예상된다. 홍콩, 마카오 같은 도시 국가가 아닌 나라가 출산율 1.0 이하를 찍은 경우는 역사적으로 한번도 존재하지 않았다고 한다. 우리는 지금 이런 충격적인 나라에 살고 있는 것이다.

우리나라는 2020년부터 인구 데드크로스가 시작되었다. 사망자 수가 출생아 수보다 많은 첫해로 인구가 줄기 시작했다. 코로나 팬데믹의 영향도 있겠지만 인구 감소 추세는 이제 되돌릴 수 없다고 한다. 10년 후 2032년이면 부산시 인구만큼 줄어 있을 것이라고 한다.

일본의 현재 모습은 우리의 미래 모습을 투영한다. 일본의 경우 대도시에서 떨어진 중소도시는 대낮인데도 사람이 잘 안 보인다고 한다. 상점들은 폐업, 휴업 상태이고 어쩌다 마주치는 사람들은 80, 90대 초고령 노인들 뿐이라고 한다. 그야말로 유령 도시인 것이다. 동네의 학교 건물은 요양원으로 바뀌었고 도시민 대다수 사람들의 마지막 집이 되고 있다.

일본의 드라마 내용도 바뀌었다. 과거에는 주인공의 직업이 재벌, 엘리트 계층으로 성공한 청년들이었는데 반해 지금은 간병 시설의 종사자가 자주 등장하고 좌절한 청년의 모습을 주로 다룬다고 한다. 그리고 노인들은 자신들이 살아오며 얻은 지혜를 젊은이들과 나누는 역할로 나온다고 한다. 하지만 인구학자들의 말에 의하면 우리가 일본 정도만 돼도 다행이라고 한다. 앞으로 10년 내에 닥칠 우리의 모습은 훨씬 더 심각하고 상상을 뛰어 넘을 것이라고 예상한다.

이러한 인구 구조 변화는 개인의 삶, 내가 몸 담고 있는 기업에 어떤 영향을 미칠 것인가. 인구학자들은 우리나라에 거대한 쓰나미가 몰려오고 있는데 우리 사회는 당장에 닥칠 일이 아니라고 남의 일처럼 여긴다고 걱정하고 있다.

그동안 국가 정책이나 장기 계획은 인구는 계속 증가할 것이라는 대전제가 있었다. 그러나 이제 그 전제가 변하고 있으니 개인과 국가의 변화를 요구하고 있다.

이미 지방 대학은 모집 정원을 못 채우고 있다. 벚꽃이 피는 순서로 지방 대학은 소멸될 것이란 우스갯소리도 있는데 그것은 곧 현실로 다가올 것이다. 금년에 태어난 아이가 대학에 들어가는 20년 후에는 수도권 대학만 남아 있을 것이고 소위 말하는 명문 대학에 입학하려고 심하게 경쟁할 일도 없어질 것이다. 이젠 학벌이 더이상 의미가 없어지는 것이다. 교육계에 종사하는 사람들의 숫자도 그만큼 사라질 것이다.

나라를 지킬 병력도 채우기 힘들 것이다. 국방의 의무를 담당할 현역병 자원이 부족해 모병제를 도입하지 않을 수 없게 된다.

세금의 증가는 피할 수 없게 됐다. 인구 노령화로 복지 수요가 늘어나기 때문에 어떤 정부가 들어서더라도 어떤 형태로든 세금을 더 거둬들이지 않으면 안 되게 되어 있다. 현재 우리나라 근로자 중 700만 명은 실질

적 면세자들이다. 소득 공제, 세액 공제 제도를 통해 저소득 근로자들은 세금을 돌려받기 때문이다. 앞으로는 점차 면세 혜택이 없어질 것이다.

건강 보험, 국민연금 등 5대 사회 보험료 같은 준조세도 필연적으로 올라간다. 각종 기금의 고갈을 막기 위해선 많이 받고 덜 주어야 하기 때문이다. 우리나라의 준조세를 포함한 세금 부담율은 현재 27% 정도인데 OECD 국가 평균 세금 부담율은 34%이다. 현재 근로자들의 월급에서 미리 떼가는 세금과 준조세가 만만치 않은데도 불구하고 다른 선진국의 평균에 못 미치고 있다. 인구 감소가 세계에서 제일 빠른 우리나라는 OECD 국가의 평균 부담율보다 더 부담하게 될 텐데 그때 가서 느끼는 세금 부담은 지금보다 엄청나게 클 것이다.

그렇다면 개인의 취업은 어떻게 될 것인가? 인구학자들은 한결같이 인구가 줄어드는 속도보다 일자리의 감소 속도가 더 빠르게 진행될 것이라고 예상한다. 이미 거의 모든 매장에 무인 주문기가 설치되어 있다. 나도 무인 주문기로 주문할 때 많이 헤매는데 노인들은 커피 한잔 뽑기도 어려운 세상이 된 것이다.

기업에서는 인건비를 줄이기 위해 로봇을 이용한 자동화 시스템을 더욱 도입할 것이다. 지금과 같이 근로자가 원하면 정년까지 일할 수 있을지 의문이다.

로봇, AI 사용 증가로 우리 사회가 일자리 축소 지향형 사회로 간다면 취업 경쟁이 더욱 심해지고 많은 젊은이들이 정규직이 아닌 알바 인생이 확산된다. 일본은 이미 사회 문제화 되었다. 많은 가정에서 30, 40대가 되어도 정규직으로 취업하지 못하는 자녀와 같이 살고 있다. 시간이 갈수록 자녀들은 경제적 자립을 하지 못하고 결국엔 부모가 사망해도 신고하지 않고 부모의 연금으로 연명하고 있는 젊은이들이 많다고 한다. 이런 사회 문제가 곧 우리나라에도 나타날 것이다. 인구학자들은 우리나라를 더 걱정하고 있다.

현재 우리나라도 정부 차원에서 정년 연장에 대한 논의가 진행되고 있다. 국민연금의 기금 고갈을 막기 위한 차원에서 검토되고 있다고 한다. 그러나 기업들도 진작부터 이에 대비하고 있다. 직무급제나 임금 피크제 같은 급여 문제를 도입하여 정년 연장 문제에 대한 대비를 하고 있는 것이다. 현재 정년보다 더 늘어난 정년 나이가 실제 도입될 시기는 청년 세대들의 반발이 심해지지 않는 시기가 될 것이다.

각 개인은 이제 앞으로 다가올 인구 감소 시대에 어떻게 대응할 것인가를 고민해야 할 것이다. 인구 증가가 당연시되고 고도성장 시기에 모두를 챙겨주던 안전한 길은 더이상 없을 것이다. 당장 지금과 같이 60세까지 일하고 이후에는 일을 놓는 시대는 끝났다.

현재 직장에서 은퇴하더라도 최소한 10년 이상 일을 놓지 말아야 한다. 조기 은퇴를 당하더라도 공부를 하든, 기술을 익히든 강력한 동기부여를 갖고 하루라도 빨리 준비를 시작해야 할 것이다.

03

/

안정을 끊을 수가 없었다

창조 경제 선진국인 이스라엘 청년들은 한국 젊은이들에 비해 창업에 대한 자신감이 높고 실패에 대한 두려움이 덜한 것으로 나타났다. 창업에 대한 의식을 조사한 결과 창업에 진취적인 모습을 보였다.

'본인이 창업을 한다면 성공 가능성은?'이라는 질문에 이스라엘 응시자 중 23.1%는 '매우 높다', 50.5%는 '높다'라고 대답해 10명 중 7명이 창업에 상당한 자신감을 드러낸 것이다. '매우 낮다'는 응답은 없었고 '보통이다'는 26.9%였다.

이에 비해 한국 청년들은 상대적으로 창업에 비관적이었다. 위와 같은 문항을 설문조사한 결과에 따르면 '매우 높다'는 4.8%, '높다'는 20.2%에 그쳤다. 반면 '낮다'는 25.0%, '매우 낮다'는 6.8%였다.

한국 청년들은 창업 성공보다는 실패 가능성이 높다고 답해 이스라엘과는 극명한 대조를 보여줬다.

심지어 중국, 동남아시아, 중앙아시아 등 아시아지역 학생들도 창업 성공 가능성에 한국보다 높은 자신감을 보였다. '매우 높다'가 21.9%, '높다'가 40.6%를 기록했다.

미국의 실리콘밸리에는 전세계에서 온 유학생과 미국 청년들이 몰려들어 스타트업 창업을 하고 있다. 최근에는 미국과 중국 간 패권전쟁으로 미국에서 쫓겨난 중국 유학생들이 선전에 몰려들어 새로 스타트업 창업지로 떠오르고 있다.

한국의 젊은이들이 다른 나라 청년에 비해 능력이나 자질이 떨어지는 게 결코 아닐 것이다. 다만 우리나라에서는 창의력이 발휘될 사회 여건이 안되기 때문이다. 우리나라 학생을 실리콘밸리와 같은 환경에 놓이게 하면 얼마든지 그들과 같은 성과를 낼 수 있다고 본다.

그렇다면 실리콘밸리와의 차이가 무엇인가? 그것은 '망해도 된다'는 심리적 안전 장치의 유무에서 차이가 발생한다.

　『철학은 어떻게 삶의 무기가 되는가』(야마구치 슈)에서 저자는 무언가에 도전한다는 것은 불확실한 행위이므로 그 결과보다는 과정에 집중할 수 있는 심리적 '안전 기지' 즉, 무조건적인 지지와 격려 언제든 다시 시작할 수 있다는 긍정적 피드백 환경이 필요하다고 했다.

　'창업을 주저하는 가장 큰 이유'를 묻는 질문에 한국 응답자 중 25.6%는 '실패 후 재기의 어려움' 때문이라고 답했다. 이에 비해 이스라엘 청년들은 11.5%만 '실패 후 재기의 어려움'을 지적했고 57.5%는 '초기 자본 조달의 어려움'을 꼽았다.

　이는 실패를 '소중한 경험'이라고 여기는 이스라엘 문화가 반영되었기 때문으로 해석된다. 즉, 그들은 위험을 감수해야 더 큰 보상을 받을 수 있고, 창업가에게 초기 실패는 향후 성공을 위한 큰 자산이 된다고 생각한다.

　이 같은 차이 때문에 양국 청년들이 바라는 미래 진로는 크게 엇갈린다. 한국 청년들은 안정적인 '공무원(34.2%)', '의사, 변호사(27.9%)' 같은 전문직을 선호했다. 반면 이스라엘 청년들은 '자영업, 창업(40.7%)'을 가장 많이 선호했다.

이러한 문화의 차이가 개인의 선택에 끼치는 영향은 무시할 수 없다는 것이 수치로 보여주고 있다. 하지만 개개인의 가정환경, 특별한 경험에 의한 것도 무시할 수 없다. 아무리 안전 기지를 깔아줘도 리스크를 떠안지 못하는 사람도 많다.

나의 아버지는 원래 직장인이셨다. 나름 좋은 직장에서 잘 나가시다가 40대 중반에 퇴직하셨다. 퇴직 이후에 사업을 하고 싶어서가 아니라 먹고 살기 위해 사업을 하셨는데 하는 일마다 실패하셨다. 아버지는 성격상 사업가 체질은 아니셨다. 중간중간 월급쟁이 중역으로 취업하셨다가 아버지가 맡은 사업 부문이 대박을 못 터뜨리면 회사에서 정리 퇴직당하는 일이 되풀이됐다. 회사 사장과 일종의 파트너십으로 취업했기 때문에 회사에 이익을 많이 못 내주면 그만두셔야 했다.

결국 말년에는 일본 종합 무역 상사와 국내 회사를 연결하는 브로커 일을 하시면서 수수료로 조금씩 벌이를 하셨다. 중학교 마칠 때까지 일제 강점기였기 때문에 일본어를 모국어처럼 하셨고 대학 졸업 후에는 무역 회사에서 일하셨기 때문에 아버지 특기를 살려 일을 하신 것이다.

내가 대학 다닐 때는 집에 FAX를 들여놓고 혼자 1인 회사를 운영하셨다. 아버지는 나에게 브로커 일을 당신에게 배우라고 하셨다. 하지만 나는 아버지 일이 하찮게 보였다. 몇 년 뒤에 대기업에 취업해서 번듯한 직장에 다닐 텐데 뭐하러 그 일을 배우나 생각했기 때문이다. 요즘은 가끔 아버지를 회상할 때 그때 일을 배워뒀으면 좋았겠다는 생각도 한다.

성장기에 겪었던 나의 가정환경은 나로 하여금 안정적이지 않은 것은 철저히 배격하게 만들었다. 어머니는 나의 형이나 나에게 사업 같은 것일랑 아예 할 생각을 말라고 하셨다. 사업을 하려면 내가 죽고 난 다음에 하라고 할 정도로 아버지에게 데이신 것이었다.

내가 취업할 당시에는 전문직을 목표로 하지 않는다면 대학교 졸업 후에 당연히 대기업에 취업하는 것이 목표였다. 국내 대기업이나 공기업에 취업하면 어디 가서 명함 내밀기가 창피하지 않을 정도였다.

나는 30년 동안 직장생활 하면서 딱 한 번 빼놓고 다른 쪽으로 관심을 기울이지 않았다. 국내 직장인들 중 상당수가 해외 이민을 한 번쯤 생각해본다고 한다. 대부분 막연하게 이민에 대한 환상만 갖고 있을 뿐 실행으로 옮기는 경우는 많지 않다. 이민이라는 것이 생각보다 절차가 복잡하고 시간이 오래 걸린다. 그리고 해외에 나가서 살 경우 이민 1세대는 당대에 부자로 잘 살 생각은 하지 말라고 했다. 자식 세대나 손자 세대가 현지에서 뿌리 내릴 때까지 희생을 각오해야 한다.

십여 년 전 다른 부서에서 근무하던 학교 선배로부터 전화가 왔다. "정차장, 나 제일 먼저 던졌어." "뭘요?" "이번에 명퇴 신청 받잖아." 머리를 한 대 얻어맞은 것처럼 쇼크를 받았다. 직장에서 나름 잘나가던 선배가 이민을 위해 명퇴를 신청했다고 하니 엄청 궁금했다.

그 선배는 미국에 누님들이 일찍 정착해서 자리를 잡고 있었다고 했다. 휴가 기간 동안 누님들 집에 놀러 갔다가 자신도 미국에서 살고 싶다는 욕망이 생긴 것이다. 마침 자녀들 교육 때문에 고민이 많던 차에 아이들만 미국으로 보낼 게 아니고 아예 이민을 생각하게 된 것이다.

국내에 들어와서 동호회 카페에 가입하여 정보를 얻고 재산 처분을 하고 있었는데 갑자기 희망 퇴직 실시 공문이 뜬 것이다. 선배는 주저 없이 제일 먼저 신청하였다. 그리고 적지 않은 명퇴 위로금을 챙겨서 미국으로 떠났다. 나는 막연히 이민에 대한 환상을 갖던 중 가까운 사람이 실제로 이민을 떠나는 모습을 보고 많이 흔들렸었다.

그러나 1년에 한 번씩 그 선배와 통화할 때마다 그 선배에게 나도 가고 싶으니 내 자리 좀 알아봐달라고 하면 격하게 말렸다. 절대 올 생각하지 말라고 했다. 그냥 웬만하면 최대한 직장에 오래 다니라고 했다. 미국에서 세탁소를 운영했는데 한국에서도 사업이란 걸 해보지 않던 사람이 그것도 낯선 타향에서 하려니 많이 힘들었던 것 같았다. 누님들이 있어서 의지가 될 텐데도 저러니 친인척도 없고 연고도 없는 내가 섣불리 이민을 감행했다가 개고생 하는 게 아닌가 하는 생각에 사로잡혔다. 지금도 그 선배는 내가 임금 피크를 선택한 게 정말 잘한 거라고 하는 사람 중의 하나다.

『부자 아빠 가난한 아빠』의 저자 로버트 기요사키는 이렇게 말했다.
"월급을 받는 순간 당신의 뇌가 멈추게 된다."
"실수하는 것을 두려워하는 사람들은 성장하지 못한다."

나는 지금까지 온실 속 화초처럼 실수할까 봐 두려워하며 살아왔다. 몇 년 후면 나도 온실 속에서 나가야 된다. 그래서 지금부터라도 연습이 필요하다. 작은 연습을 통해 큰 실패를 피하고 큰 성공을 누리기 위해서 말이다.

/

04

하고 싶지 않아도 해야 했던 일은 이제 그만

소확행이란 일상에서 느낄 수 있는 작지만 확실하게 실현 가능한 행복, 또는 그러한 행복을 추구하는 삶의 경향을 말한다. 요즘 20~30대 젊은 층은 직장인이라 할지라도 자신들만의 소확행이 침해 당하는 것을 못 참는 경향이 있다. 예를 들어 퇴근 후 집에 가서 게임을 하기로 마음 먹었다든가 아니면 자기가 좋아하는 팀의 축구 경기를 봐야 하는데 갑자기 회식이 있다고 하면 아마 대부분 집으로 도망가려고 할 것이다.

소확행이란 단어가 비록 최근에 많이 회자되는 말이긴 하지만 과거에도 소확행이란 표현만 안 했을 뿐 누구나 소소한 행복을 가져다 주는 일한 가지는 있었을 것이다. 대다수 부모가 그렇듯이 아이들이 어릴 때 제주도나 동해안 해변가에 콘도를 빌려 같이 놀러 다녔을 때, 그리고 아이들이 자라서는 내 생일을 챙겨줄 때 등 모두에게 소소한 기쁨이 있었다.

나에게는 주말에 꼭 사우나에 가서 땀을 빼는 즐거움이 있었다. 비록 골프를 잘 치지는 못하지만 인도어 연습장에 가서 클럽을 휘두르고 난 다음 사우나에 가서 따끈한 물에 몸을 담그면 그 순간엔 모든 스트레스가 날라갔다. 많은 주말 골퍼들도 비슷할 것이다.

그렇다면 직장인들은 왜 그렇게 소확행에 큰 의미를 두는 것일까. 평소에는 보통 열심히 일하느라 바쁘다. 스트레스도 쌓인다. 대부분 의식하지 않으면 그냥 살아지는 대로 흘러간다. 그러다가 가끔 한번씩 내 세계를 갖는 것이다. 총량으로 따지면 나만의 세계를 갖는 시간은 미미할 것이다. 그래서 본능적으로 그 시간만은 양보하지 못하는 것이다.

한편, 하고 싶은 일이 있는데 안 하고는 못 배길 때 참는 고통과 하고 싶지 않은데 억지로 해야만 하는 고통 중 어느 것이 더 견디기 힘들까?

하고 싶은 것을 안 하는 고통도 무시하지 못한다. 요즘 전철 안에서 아무것도 안 하고 있기가 얼마나 어려운지 알 것이다. 젊은 사람들은 게임하기 바쁘고 게임을 안 하면 동영상을 보고 있다. 노인들도 예외가 아니다. 휴대폰을 보지 않으면 자는 사람이다.

그래도 하기 싫은 것을 할 수 없이 해야만 하는 고통보단 덜할 것이다. 이것으로 인해 병이 생긴다. 최근 연구 결과들에 의하면 암 발병의 주요 원인 중 하나는 스트레스라고 한다. 스트레스가 면역 기능을 약화시키고 면역력이 약화되면 암세포에 대한 제어가 약해져 암이 발생하는 것이다.

내가 직장생활하면서 특히 은행원으로서 정말 하기 싫은 일이 몇 가지 있었는데 그 중에서도 가장 하기 싫은 일은 내가 잘못하지 않은 것 같은 데 무조건 먼저 사과해야 하는 일이었다.

서비스 업종에 종사하는 사람들은 한두 번 이상 진상 고객을 상대해본 경험이 있을 것이다. 공무원인 친구도 악성 민원 고객이 제일 무섭다고 했다. 민원을 넣는 사람도 나름 이유가 있다. 서비스에 대하여 불만을 느끼면 누구나 제기할 수 있는 일이다. 그러나 누가 봐도 상식적이지 않은 민원을 제기하는 경우가 많다. 대부분 민원인이 지목한 직원에게 피해가 간다. 몇 년 전만 하더라도 민원이 발생하면 잘잘못을 따지기 전에 민원을 야기한 것 자체에 대해서 굉장히 미안해해야 했다. 그래서 지점에 누가 되지 않기 위해 민원인에게 먼저 사과하고 민원을 취하하게 하도록 하는 게 다반사였다.

그러나 문제는 민원인들은 직원들이 민원을 무서워한다는 걸 잘 안다. 그걸 알고 무리한 요구를 하고 들어주지 않으면 민원을 제기하는 사람이 있다. 그리고 다른 데서 감정이 격앙된 상태로 왔다가 직원에게 화풀이

하는 유형, 상습적으로 사소한 일로 민원을 제기하는 유형이 있다. 나도 민원을 호되게 당한 경우가 서너 차례 있었다. 민원이 싫어서 꾹 참은 경우는 수십 차례가 넘는다.

나는 은행에 입행 후 첫 6개월간 출납, 어음교환 업무를 거친 후 바로 외환, 여신 업무를 맡았다. 순수 개인 고객보다는 기업체와 관련된 업무였다. 평일에는 11시 전에 퇴근하는 일이 드물었고 토요일도 저녁 때까지 근무한 적도 많았다. 내 결혼식 당일 날까지 아침 일찍 출근해서 못다 한 인수인계를 하고 식장에 가야 할 정도로 바쁘게 지냈다. 그래도 당시에는 조직을 위해 어쩔 수 없다는 마음이 강했다. 그것 때문에 직장을 그만두겠다는 생각은 하지 못했다. 그리고 기업 업무 담당자로서 업체 담당자들과도 관계가 좋아서 일은 힘이 들어도 즐거웠다. 은행에서 보람 있었던 기간은 딱 책임자로 승진하기 전까지였다.

책임자로 승진하면서 지점을 옮기고 업무가 기업체 담당에서 리테일 업무로 바뀌었다. 한번 업무가 바뀌자 계속 리테일 업무만 하게 되었다.
서울의 어느 한 점포에서 입출금 전용 창구 책임자로 일할 때였다. 보통 25일, 말일 이런 날은 창구가 북새통을 이룬다. 거기다가 그런 날이 토요일인 경우 대책이 따로 없게 된다. 시간이 걸려도 대기 번호표 순으로 하나씩 처리하는 수밖에 없다. 손님들은 번호표 뽑고 자기 번호를 부를 때까지 창구 쪽만 주시한다. 새치기하거나 직원이 아는 사람이라고 먼저 처리해주었다간 난리가 난다. 손님끼리 싸우기도 한다.

말일에 토요일이었던 어느 날 직원들이 한 명씩 식사 교대를 하는 동안 나는 식사하러 간 직원 자리에 들어가 대신 처리해주고 있었는데, 갑자기 남자 손님이 나에게 소리를 고래고래 지르는 것이었다. 왜 이리 일 처리 늦냐, 바쁜 날은 직원을 보충해야지 손님을 이렇게 오래 기다리게 하면 어떻게 하느냐며 나에게 마구 화를 냈다. 그러면서 자기는 VIP 고객이니 먼저 처리해달라는 것이다. 나는 말일에 토요일이어서 어쩔 수 없다, 죄송하다며 연신 굽실거렸다. 그래도 먼저 처리해드리면 다른 고객들이 가만 안 있으니 순서대로 기다려 달라고 부탁했다. 그래도 막무가내였다. 더욱 소리를 지르며 광분했다. 계속 꾹꾹 참다가 나도 폭발하고 말았다. 한마디도 지지 않고 같이 소리 질렀다.

결과는 불을 보듯 뻔했다. 나에게 민원을 제기했다. 결국 그 고객 사무실까지 찾아가 사과해야 했다. 처음엔 나도 사과를 못 하겠다고 버텼다. 그런데 민원인이 모 임원의 지인이라며 임원이 알면 큰일 난다고 고객만족 센터 책임자가 나를 설득했다. 아무도 민원이 왜 생겼는지 따지지 않았다. 단지 민원을 발생시킨 내가 공공의 적이 돼버렸다.
부지점장과 동행해서 사무실로 찾아갔다. 일단 찾아가서 죄송했다고 말하니 왜 찾아왔느냐며 나를 인사 조치시키겠다고 길길이 뛰었다. 나는 사과를 하고 나서 내 뒤에서 욕을 하든 말든 뒤돌아 나와버렸다. 부지점장이 나한테 일단 사과하고 나면 뒤처리는 자기가 하겠다고 해서 알겠다고 했기 때문이다.

　나중에 안 사실은 그 고객에게 당한 직원이 내가 처음이 아니란 것이다. 이미 지점 내에서는 진상 고객이고 직원 여러 명이 창구에서 당했다는 것이다. 나와 달랐던 점은 그 자리에서 참고 대꾸를 안 한 것이었다.

　또 다른 점포에 있을 때, 어느 고객이 창구에 불만이 있어서 소란을 피우는 일이 있었다. 나는 그 고객에게 다가가 장소를 옮겨서 얘기하자고 안내하면서 고객의 등에 손을 대고 방향을 틀었었다. 자리에 앉아 대화를 나누며 진정시키고 돌려보냈다. 하지만 이야기가 잘돼서 끝난 줄 알았는데 나중에 내가 자기 몸에 손을 댔다며 성희롱당했다고 민원을 제기했다. 남성 고객이었는데 웬 성희롱이냐고 고객센터에 항의하니 그 고객도 상습 민원 제기 고객이라는 것이다. 그래서 역시 전화해서 본의 아니게 신체 접촉을 해서 미안하다고 사과해야 했다.

　직장생활하면서 성격이 독특한 직장 상사를 만나는 것도 고역이다. 서울의 리테일 점포에서 근무할 때였다. 그 지점은 지점장 1명에 책임자가 3명이었다. 매주 월요일 아침엔 책임자 회의를 열었다. 그 지점장은 책임자를 돌아가면서 심하게 질책했다. 1명이 질책당하는 동안 나머지 2명은 혹여 불똥이 자기에게 튈까 봐 지점장과 눈을 안 마주치려 했다. 고개를 숙이고 뭔가 열심히 적는 척을 해서 자기에게 질문이 오지 않도록 미리 방어했다.

대체로 돌아가면서 한 사람씩 당했는데 순서가 없었다. 그다음 주에 누가 당할지 대중 없었다. 그 지점장은 일요일 저녁이면 다음날 누굴 혼낼지 미리 연습하는 것 같았다. 미리 대답하기 어려운 질문을 준비했다가 대답을 잘못하면 그때부터 눈물이 찔끔 날 정도로 소리를 질렀다. 회의가 끝나면 책임자들끼리 건물 밖에서 담배를 피우며 그 주에 당한 책임자를 위로했다. 지점장은 회의가 끝나면 자기는 뒤끝이 없는 사람이라며 다시 분위기를 띄우려고 직원들에게 농담을 던졌다.

책임자끼리 회식하는 자리엔 어김없이 지점장이 안주거리였다. 매주 월요일마다 한 명이 쩔쩔매는 상황을 즐기는 것 같다고 얘기했다. 특히 지점장과 나이 차가 나지 않는 사람은 "누군 배알도 없는 줄 아나!" 하며 더 분개했다.

나도 한번은 심하게 질책을 받고 분노가 치밀어올라서 회의가 끝난 후 건물 밖에 나가서 눈에 보이는 대로 걷어 차버렸다. 휴지통, 깡통 등 미친 듯이 발길질하는 걸 누가 보고서 고자질한 것 같았다. 지점장이 날 불렀다.

"넌 동네에 지점장 욕을 하고 다니냐?"
"네??"
기가 막혔다. 어떻게 알았지?
"아 네, 죄송합니다" 그러고 말았다.

아무튼 무조건 먼저 사과해야 하는 일은 이제는 없어야 하고 그렇게 하지도 않겠다고 다짐했다.

/

버티고 살아남는 게 승리인 줄 알았다

대학 졸업 후 다행히 바로 취업을 했다. 한때 공무원의 꿈을 품고 고시 공부를 했었다. 하지만 딱 한 번 1차 시험을 치르고 떨어지자 바로 취업 준비를 했다. 아버지가 뇌졸중으로 쓰러져 집에 누워계셨기 때문에 당장 집안의 생계 문제와 치료 비용 해결이 급했기 때문이다. 그리고 나를 초 중고등학교부터 대학 교육까지 시키신 어머니께 보답을 해드려야 한다 는 의무감도 있었다. 나뿐만이 아니라 나와 같은 세대는 부모님을 부양 하는 것이 당연하다고 생각할 것이다.

취업 후 결혼할 때까지 부모를 부양하는 것 외에 부모님이 남기신 부채까지 해결해야 했다. 집안의 거의 모든 사채를 제도권 금융에서 내 명의로 돌려 빚 독촉에 시달리는 어머니의 짐을 덜어드렸다. 그리고 몇 년후 결혼을 하고 아이도 둘 낳았다. 그런데 우리 아이들 둘 다 할아버지는보지 못했다. 아무튼 가정을 꾸렸으니 가족의 생계도 책임져야 했다.

내가 직장에 나가고부터 월급을 받은 덕분에 집안의 먹고사는 문제는서서히 해결이 되었다. 현재 정년퇴직을 얼마 안 남기고 있지만 어쨌든안정된 직장이 있었기 때문에 가정을 꾸리고 부모님 빚도 갚아드리고 아이들 교육까지 시킬 수 있었다. 여기까지 오게 된 것에 대하여 감사하지않을 수 없다.

한때 내가 근무하던 지점에 파트타이머로 일하시던 아주머니가 계셨다. 외모로 보면 사장님의 마나님 급인데 변두리에 있는 은행의 지점에서 파트타이머로 일하고 있는 게 의아했다. 원래 젊었을 때 은행원으로근무했었다고 했다. 그러다 부잣집으로 시집을 간 모양이다. 남편의 사업이 잘돼서 남부럽지 않게 살고 재산도 꽤 모았다고 했다. 그런데 IMF로 남편의 회사가 도산했다. 그래서 집에만 있을 수 없어서 아이들 등록금이라도 벌어야겠다는 생각으로 은행 파트타이머로 일한다는 것이다.

회식이 있을 때마다 같이 대화를 나누며 내가 승진이 안 돼서 걱정이라고 하면 "에효, 정 차장님, 행복하신 거예요, 승진이 안 돼도 직장에 다니시는 게 어딘데요."라고 얘기해줬다. 그분은 남편이 사업을 하다가 갑자기 어렵게 돼서 월급쟁이인 내가 부러워 보였던 모양이다. 하지만 당시에는 그 말이 별로 위로가 안 됐었다. 왜냐하면 그분은 거의 말버릇처럼 그 말을 했기 때문이다. 날 위로하는 게 아니고 그냥 본인의 처지가 한탄스러워 저러나 보다 싶었다. 그냥 같이 웃어 넘길 수밖에 없었다.

그 후 나는 그 지점을 떠났고 그분과는 가끔 소식을 주고받았다. 그런데 어느 날 그분의 카카오 프로필 사진을 보게 되었다. 그런데 사진 밑에 "존버 정신"이라고 되어 있는 걸 보았다. 존버 정신이 뭐지? 궁금해서 카톡을 날렸다.

"박 주임님 존버 정신이 뭐예요?" 물으니 "크크크, 네이버에 쳐보세요." 나는 네이버에 검색해보고 나서 웃지 않을 수 없었다.

그분은 내가 그 지점을 떠난 후 얼마 안 있다가 다른 은행의 파트타이머로 또 취업했다. 계약직 직원이 2년 이상 근무하면 정규직으로 전환시켜줘야 하기 때문에 다른 곳에 취업해야 했다. 그래서 존버 정신을 카톡에 써 넣은 것 같았다. 자신의 처지에도 불구하고 계속 일을 찾아 하겠다는 의지의 표현으로 읽혔다.

나는 그제서야 그분이 입버릇처럼 하던 말이 실감 났다. 본인은 2년마다 직장을 옮기면서 새로 직장을 구해야 하는데 나는 2년마다 새로 직장을 찾아야만 하는 고통을 몰랐기 때문이다.

그분도 한때는 남 부러울 게 없는 사모님이었는데 하루아침에 은행 파트타이머로 출퇴근하는 게 굴욕이었을 것이다. 그런데 전혀 티를 안냈다. 나이가 어린 직원들과 잘 어울리고 직원들에게 어려운 일이 닥치면 자기 일처럼 도와주었다. 그래서 집안이 많이 어렵다는 것을 들었을 때 전혀 상상이 안 됐었다. 나에게 농담처럼 하던 말을 회상할 때면 참 속 깊은 아주머니였다는 생각이 든다. 다행히 지금은 IMF 전의 잘살던 때로 돌아갔다는 소식이 들려왔다.

'버틴다'는 말은 좋은 의미로 쓰일 때가 많다. 가령 스포츠 경기중 격투기 종목이나 농구, 축구 같이 시간이 정해진 종목에서 스코어가 유리한 상황을 끝까지 유지할 때 끝까지 버틴다고 한다.

계획했던 일이 처음에 품었던 기대치와 다른 상황에 놓일 때 사람들은 실망하게 된다. 모든 일이 더 빨리, 더 쉽게, 더 멋지게 진행되지 않을 때 사람들은 포기의 유혹에 빠지게 된다. 아마 지금껏 우리가 포기해온 모든 것들은 이와 똑같은 패턴을 갖고 있을 것이다. 이때 포기의 유혹을 무력화하는 것을 버틴다고 표현한다. 파트타이머 아주머니도 어렵지만 계속 일을 찾아 포기하지 않은 것도 잘 버텼다고 할 수 있을 것이다.

중도 포기의 유혹을 뿌리치고 버틴 후에 이루어낸 성취! 이것이야말로 성공의 정의이고, 진정한 승리라고 할 만할 것이다.

그런데 만약 누군가가 벼랑에서 어떤 사람을 떨어뜨리려고 하는데 안 떨어지려고 바둥거리는 모습을 본다면 보는 사람은 안타까운 마음이 들 것이다.

친구들과 만나 술을 마실 때 듣는 얘기가 있었다. 그냥 버텨라. 개인 사업 하거나 현직에서 물러나 재취업한 친구들이 주로 그렇게 얘기해줬다. 학생 때부터 나를 보아온 친구들은 내가 직장에서 웬만큼 잘나갈 거라고 기대했던 친구도 있었을 것이다. 그런데 시간이 갈수록 내가 헤매는 것 같으니까 내게 물었다.

"넌 뭐가 잘못돼서 그렇게 꼬였냐?"
"그러게 말이다. 난들 이렇게 될 줄 알았냐?"

이렇게 대화하던 친구들이 서서히 기대를 접는 것 같더니 나중에는 그저 최대한 오래 다니라고 덕담을 했다. 임금 피크 진입 후 친구들, 해외에 있는 선배, 형제들이 어떻게 하기로 했냐고 물어왔다. 더 다니기로 했다고 했을 때 그들의 반응은 모두 긍정적이었다.

"네가 위너다." 이런 말을 들었을 때 기분이 나쁘지 않았다.

그런데 내가 무엇으로부터 버티고 살아 남았는지 냉철하게 따지고 보면 실체가 없다. 내가 능동적으로 무엇을 극복했다든지 성취한 것이 아니었다. 다만 상황이 그렇다는 것이다. 승리한 것이 아니라 단지 월급쟁이 상태를 유지한 것 뿐이었다. 감사하지만 한편으론 부끄러웠다. 혹시 나에게 배부른 소릴 한다고 할지 모르지만 이것은 학생 때부터 직장 초년생까지 기대했던 나의 모습이 결코 아니다. 겨우 정년퇴직까지 버티는 게 다행이라니 아버지가 보시면 실망하실 것 같다.

앞으로 남은 생 동안 뭔가를 이루고 싶어서 찾아다니다 발견한 것은 글쓰기였다. 도서관과 서점에서 책을 읽다가 우연히 발견했다. 내가 전문 작가도 아니고 그렇다고 전문 지식이 있는 것도 아니어서 글을 쓸거리가 없을 줄 알았다. 그러나 내가 모르는 세상이 있었다. 글쓰는 사람들은 자기 자신에 대하여 글을 쓰고 타인과 경험을 나누고 있었다. 꼭 베스트셀러 작가가 되려고 쓰는 것이 아니다. 1인 브랜드를 런칭하고 메신저로서의 삶을 살기 위한 첫발이 내가 쓴 책이라는 것을 알게 되었다.

얼마 전 작고하신 이어령 교수는 내가 좋아하는 작가 중 한 명이다. 해박한 지식과 그것을 누에고치가 실을 뽑아내듯 술술 풀어내는 글솜씨 때문에 어떻게 하면 저렇게 글을 재미있게 잘 쓰나 감탄하면서 이어령 교수의 책을 자주 보게 된다.

그분은 말년에 암 투병하면서도 여러 권의 저서를 남겼다. 죽음을 관조하며 남긴 말은 '산다는 건 결국 내 이야기 하나 보태고 가는 것 아닌가!'였다. 그렇다 누구나 자신의 스토리가 있다. 자신의 스토리를 남기는 일은 결코 남사스런 일이 아니다.

요즘은 누구나 인스타그램이나 블로그를 한다. 그동안 나는 일체 SNS 활동을 하지 않았다. 시도조차 하지 않았기 때문에 할 줄도 몰랐고 나 자신에 대해서 별로 내세울 것이 없어서였다. 하지만 이젠 늦으면 늦을수록 후회할 것이라 확신한다.

06

/

남을 위해 살아온 지금까지의 인생을 잊어라

오스트레일리아의 호스피스 병동에서 8년간 말기환자들을 간병한 브로니 웨어는 죽음의 문턱에 놓인 이들이 자신에게 들려주었던 후회담을 엮어 『내가 원하는 삶을 살았더라면』이라는 책을 출간하였다.

그들 대부분은 묻기도 전에 저자에게 후회되었던 점을 들려주었는데, 그녀가 관찰한 시한부 환자들이 후회한 일은 다음과 같다.

첫째, 보여주기 위한 삶이 아닌 나 자신의 삶을 살지 못한 것이다. 다른 사람의 시선과 기대에 맞춰서 자기 삶을 살았고 남을 의식하는 바람에 결국 자기 꿈을 이루지 못한 것을 후회했다.

둘째, 그렇게 열심히 일만 하지 말걸, 대신 사랑하는 배우자 자녀들과 더 시간을 보낼 걸 하는 후회를 했다.

셋째, 감정 표현에 솔직하지 못한 것이다. 타인들과 평화를 유지하기 위해 자신의 감정에 충실하지 못한 것이다. 어쩌면 그것이 병의 원인이었을 수도 있다고 생각했다.

넷째, 옛 친구들과 연락을 하며 지내지 못한 점이다. 죽음을 앞두고서야 오랜 친구들이 보고 싶어 연락을 시도했지만 그들의 연락처조차 알 수 없어 절망스러웠다고 했다.

다섯째, 좀 더 행복하게 살지 못한 점이다. 훨씬 더 행복한 삶을 살 수 있었는데 겁이 나서 변화를 선택하지 못했고 튀면 안 된다고 생각해 남들과 똑같은 일상을 반복한 것을 후회했다.

죽음에 이르면 아무도 돈을 많이 벌지 못한 것, 멋진 집에 살지 못한 것, 좋은 차를 가지지 못한 것에 대한 후회를 하지 않는다고 한다. 오롯이 자기 자신으로 살지 못한 삶을 후회한다고 정리할 수 있겠다. 위 다섯 가지 중 자신은 하나라도 해당되는 것이 없다고 장담할 수 있는 사람은 없을 것이다.

십여 년 전에 같은 지점에서 나같이 승진이 안 돼 가슴앓이를 하던 동료 직원이 있었다. 그분은 지점장 승진을 기다리고 있었는데, 일도 열심히 하고 실적도 나쁜 편이 아니었다. 승진시키기 위해 지점에서 전략적으로 실적을 밀어주기도 했었다.

정기 인사 발령날이 다가오면 초조해하고 나와 술잔을 기울였다. 그러면서 나에게 동네 창피해서 고개를 들고 다닐 수가 없다고 했다. 아직 지점장이 아닌데 각종 모임에서는 지점장으로 안다는 것이었다. 연령대를 보고 지레짐작으로 호칭을 불러주는 것이었을 것이다. 지점장으로 승진이 되어야 떳떳하게 모임에 나갈 수 있고 퇴직 후에는 지점장이라도 한번 했다가 퇴직했다는 소릴 듣고 싶다고 했다.

나도 마찬가지였다. 아직 차장에서 더이상 승진하지 못하고 헤맬 때 동기 중에서 빠른 사람들은 이미 지점장으로 승진한 사람도 있었다. 동기 모임에 나가기도 창피하고 전에 같이 근무했던 사람들과 마주칠까 겁이 났다. 상대방은 별로 의식하지 않거나 관심도 없는데 나 혼자 자격지심인 것이다. 그리고 요즘은 내가 차장인지 부지점장인지 지점장인지 묻는 사람이 별로 없다.

나에게 더 후회스러운 일은 따로 있다. 내가 어려서부터 어머니가 가정의 생계를 책임지다시피 해서 어머니의 기대를 저버리는 일은 하기 어려웠다. 고생하시는 어머니가 측은하기도 했고 고마운 마음에 조금이라도 기뻐하실 일이라면 기꺼이 했다. 그러다 보니 대학 진학할 때 내가 원하는 학교보다 어머니가 고집하는 곳으로 결정해야 했다. 취업할 때도 내가 가고 싶어 했던 직장보다 어머니 의견을 존중해서 결정했다. 심지어 연애를 하다가 어머니가 못마땅해 하셔서 헤어진 일도 있었다. 표면적으로만 보면 틀림없이 마마보이였다. 그러나 내가 줏대가 없어서 그런 것은 결코 아니었다. 어머니를 많이 배려한 것이었다. 하지만 효도를 위해서였다고 해도 그때 내 마음대로 했더라면 하는 아쉬움이 남는다. 나 역시 죽기 전에 후회할지도 모른다.

직장생활을 하다 보면 동료 직원이나 상사와 트러블이 생길 수 있다. 보통 평화를 유지하기 위해 서로 참고 넘어가는 경향이 있다. 서양 사람들과 달리 동양 사람들은 유교 사상에 영향을 받아 감정 표현을 하면 왠지 천박해 보일지도 모른다는 염려를 한다. 그래서 감정 표현이 서양 사람보다 서투르다고 생각된다.

한국 사람들은 부부간에 안 맞아도 참고 사는 경우가 많다. 지금은 다 그렇게 살진 않는다지만 그래도 감정을 직설적으로 표현은 안 하는 것 같다. 그런데 서양인들은 감정을 솔직히 표현한다. 상대방에게 감정이 식어서 더이상 못 살겠다고 얘기하며 헤어진다. 어떤 것이 맞는 것인지 모르지만 확실히 동양 문화권 사람들은 속마음을 터놓는 문화는 아닌 것 같다.

나도 감정 표현에 실패한 경우가 많았다. 불만이 있으면 바로 소통하지 않았다. 내가 참으면 상대방도 내 마음을 이해할 줄 알았다. 정상적인 교육을 받고 양심적인 사람이라면 하지 않아야 할 일은 스스로 알아서 자제할 것을 기대했다. 그러다 내 기대를 자꾸 저버리면 내가 폭발했다. 상대방은 내가 많이 불편해하고 있다는 것을 눈치채지 못한 경우가 대부분이었다. 나는 나름대로 많이 참았다고 생각했는데 상대방은 몰라주는 것이었다. 나의 경우는 감정 표현에 솔직하지 않은 것이라기보다 감정 표현 방법이 서툴렀다고 볼 수 있다. 반대로 나로 인해서 다른 사람들이 많이 참았을 수도 있었을 것이다. 감정을 솔직하게 바로바로 표현하는 것이 쓸데없는 감정 소비를 없애는 방법인데 나는 그런 것을 등한시한 면이 있다.

요즘 MZ세대들은 나의 세대보다 자기 감정을 솔직하게 잘 표현할 줄 아는 것 같다. 때론 당돌하다 못해 버릇이 없다고 느껴지기도 하는데 차라리 그렇게 자기감정 표현을 속 시원히 하는 것이 조직이나 사회를 위해 바람직하지 않을까 생각된다.

오죽하면 많은 사람들이 죽기 전에 자기 감정에 솔직하지 못한 것에 후회를 할까 생각했을 때 최소한 이제부터라도 솔직하게 자기 할 말은 하고 살아야 후회가 없겠다는 생각이 든다.

내가 중학교 때 학교 내에서 욕을 잘하고 입이 거칠기로 유명한 수학 선생님이 있었다. 그 선생님을 모르면 그 학교 출신이 아니라고 했을 정도다.

하루는 그 선생님이 수업 시작 전에 우리 반 학생들에게 질문을 던졌다. 지난 시간에 배운 것을 복습하는 문제였다. 그런데 아무도 대답을 못했다. 1분, 2분이 지나도 침묵이 흘렀다. 서로 눈치를 보며 누가 대답을 할까 두리번거리는데 갑자기 한 아이가 손을 들고 답을 얘기했다. 아쉽게도 정답이 아니었다. 그때부터 그 선생님이 욕설을 퍼부었다.

"너 같은 걸 키우느라 고생하는 니 에미 애비가 불쌍해. 이 자식아."

사나운 얼굴로 흥분하고 있었다. 아이들은 웃음을 참느라 고개를 들지 못했다. 나도 웃음을 참을 수가 없었다. 가만히 있으면 중간이라도 한다는 말이 이런 경우에 쓰는 말일 것이다. 이런 경우 다른 선생님이라면 정답이 아니더라도 용기를 가상히 여겼을 것이다. 당시 어린 마음에도 이게 이렇게 욕을 먹을 일인가 의문이 들었다.

아직도 우리 사회는 은연중에 튀는 걸 조심스러워한다. 핑계 없는 무덤 없다는 둥 모난 돌이 정 맞는다는 둥 이런 격언이 괜히 생겨난 말이 아닐 것이다.

호주 사람들도 튀는 행동으로 손해를 볼까 봐 항상 같은 방식으로 살아 온 것을 죽기 전에 후회한다고 하니 사람 마음은 비슷한 것 같다. 한편으론 그것이 살아남기 위한 인간의 선택이 아닐까 생각된다.

『내가 원하는 삶을 살았더라면』에서 말하는 결론은 결국 행복은 나의 선택이라는 것이다. 이 책을 통해 우리는 죽을 때 후회하지 않으려면 내 인생을 남에게 맞추지 않아야 한다는 교훈을 얻는다. 다른 사람들이 죽을 때 하는 후회를 보며 나는 저렇게 살지 말아야지 하는 예방 주사라고 생각하면 좋을 것 같다. 지금까지 남을 의식하고 타인의 기대에 맞춰서 살아왔다면 이제부터라도 그런 인생에서 벗어나야 할 것이다. 하지만 자동적으로 남을 의식하지 않는 삶은 불가능하지 않을까? 이것도 훈련이 필요한 것이다.

미국의 유명한 토크쇼 진행자였던 오프라 윈프리는 다음과 같은 명언을 남겼다.

"남들의 호감을 얻으려 애쓰지 마라".

남들의 호감을 얻으려 하다가는 자신에 대해서 소홀해진다. 그러다 보면 자꾸 다른 사람을 의식하게 되고 눈치를 보게 된다.

남에게 잘 보이기 위한 삶이 아니라 자신에게 인정받고 자신을 사랑할 줄 아는 사람이 되어야 후회하지 않을 것이다.

3장

나의 노후를
연금에만
의지하기에는
너무 불안하다

01

/

나의 노후를 연금에만 의지하기에는 너무 불안하다

"주말에 뭐 해요?"

나와 등을 맞대고 일하던 동료가 일하다 말고 갑자기 물었다. "피곤해서 늦잠 자고 주로 TV 보며 지내요." 이렇게 아무 생각 없이 대답했던 것 같다. 상대방도 "그래요?" 하고 그냥 아무렇지도 않은 듯 넘어갔다.

이때가 1995년, 그러니까 내가 직장생활을 한 지 3년 정도 지났을 즈음이다. 내가 처음 네트워크 마케팅을 접한 계기가 된 순간이다. 나에게 주말에 뭐 하느냐고 물었던 동료는 평소에 말수가 적어 존재감은 별로 없지만 일은 열심히 하는 스타일이었다. 목소리는 너무나 작아서 귀를 기울이지 않으면 잘 못 알아들을 정도였다. 나중에 안 사실은 본인 귀가 너무 밝아 크게 들리기 때문에 상대방도 그럴 것 같아 조용조용 말한다는 것이었다. 이런 동료가 나에게 조용히 할 말이 있다고 했다. 평소 친하게 지냈지만, 말수가 적었던 사람이 갑자기 할 얘기가 있다고 하니 궁금하지 않을 수 없었다.

단둘이 있게 되었을 때, 그 직원은 자신은 주말이면 배달하러 다닌다고 먼저 말을 꺼냈다. "뭘 배달하는데요?" 내가 물으니 사실 아내가 다단계 사업을 하고 있다고 했다. 요즘은 네트워크 마케팅 사업이라고 지칭하지만, 당시엔 다단계라고 불렀었다. 그러나 그 당시 나는 네트워크 마케팅이든 다단계든 그런 사업이 있는지조차 몰랐었다. 당시 피라미드 상술로 인한 피해 사례가 종종 매스컴을 타는 걸 듣기만 한 정도였다.

그 동료는 아내가 네트워크 마케팅 사업을 하고 있어서 상품 주문이 들어오면 배달을 하며 돕고 있다고 했다. 그 말에 나는 그 동료에게 물건을 파는 사업이냐고 물었다. 그러자 그는 물건을 판매하는 것은 맞지만 그것이 전부는 아니라고 했다. 그러면서 자기 부부가 하는 네트워크 마케팅 사업은 피라미드 사업이 절대 아니다. 그러니 같이 사업 설명을 들어보자고 했다. 당시에 나는 피라미드든 다단계든 전혀 지식이 없던 터였다. 그래서 믿을 만한 동료가 같이 알아보자고 하니 거부감 없이 일단 가보자고 했다.

일과를 마치고 동료와 함께 선릉역 근처에 있는 교육장에 갔다. 당시는 한여름이어서 실내온도가 30도에 육박했음에도 강의장 안은 사람들로 꽉 차 있었다. 사람들은 연신 부채질을 해가며 강의를 듣고 있었다. 강의장은 강사와 청중의 열기로 가득했다. 에어컨이 가동되었으나 열기를 식히기에는 역부족이었다. 나는 도대체 무엇 때문에 이 많은 사람이 열악한 강의장 환경을 무릅쓰고 강사의 말을 경청하고 있는지 궁금하지 않을 수 없었다.

사업 설명 내용의 포인트는 소득이었다. 즉, 소득이 발생하는 구조, 소득의 규모, 소득이 증대되면 이룰 수 있는 꿈 등 희망적인 것들이었다. 사업 설명대로라면 학력, 경력, 성별과 관계없이 누구나 성공할 수 있다는 것이다. 성공의 구체적 내용은 시간적 경제적 자유를 누리고 보너스로 여행을 무료로 다닐 수 있다는 것이었다.

직장생활을 오래 하지는 않았지만, 그 당시 나는 많이 힘들었다. 무엇보다 잦은 야근 때문에 힘들었다. 직장생활이 즐거워서 매일 출근하는 사람은 없을 것이다. 다들 먹고살기 위해 생활 방편으로 일하는 것이다. 그런 직장인의 삶을 벗어나기 위한 별 뾰족한 수가 없던 터라 사업내용에 솔깃해졌다. 이런 내 생각을 간파했는지 동료 직원은 한 번 들어서는 잘 모르니 계속 같이 공부해보자고 했다. 그는 나와 같이 근무하면서 자신과 내가 같은 처지라는 것을 파악하고 내게 오퍼를 던졌을 때 쉽게 동의하리라 생각했을 것이다. 그의 판단은 적중했다고 볼 수 있다.

그 이후 교육장에는 매주 두 번 이상 가게 되었다. 그러면서 자연스럽게 동료의 아내와 그분의 상위 사업자를 소개받게 되었다. 그들은 나를 친절하게 대했고 희망에 찬 미래 비전을 심어주고자 노력했다. 누구나 자신의 본업을 계속하면서 틈틈이 시간을 내어 부업으로 사업을 진행하면 어느 순간 주 수입원이 바뀌게 된다. 그리고 부수입이 본업의 수입을 능가할 때가 오면 부업이 전업이 된다. 그러면 시간적·경제적 자유를 누릴 수 있다면서. 나는 그렇게만 된다면 결코 나쁜 제안이 아니라고 판단했다. 그리고 그들이 나를 열심히 돕겠다고 했기 때문에 한동안은 열심히 교육장에 다니고 별도의 미팅에도 참석했다.

그러나 업무가 끝난 후 늦은 시간까지 열악한 환경에서 강의를 듣는 일은 나를 금세 지치게 했다. 차츰 나의 교육 참여 횟수가 줄어들었다. 미팅에도 피곤하다는 핑계를 대고 점차 빠지는 횟수가 늘어났다. 몸이 피곤하니 모든 것이 귀찮아졌다. 애당초 품었던 희망찬 미래보다 빨리 집에 가서 쉬고 싶은 생각만 들었다.

지금 생각해보면 구체적으로 사업을 진행하기도 전에 체력 고갈을 핑계 삼아 쉽게 꿈을 접은 것이다. 사업 설명을 들을 때는 당장에 무언가 이루어질 것 같았다. 하지만 당장 눈앞에 닥친 직장 일, 육체적 피곤은 막연한 미래의 희망 따위를 쉽게 외면하게 했다. 당장 다른 부업을 하지 않더라도 나에게는 매달 꼬박꼬박 들어오는 월급이 있었기 때문이다.

네트워크 마케팅 사업 교육에의 참여 횟수가 줄어들 즈음 정기 인사이동으로 나는 다른 지점으로 발령이 났다. 그 동료와 헤어지니 미팅에 참석하지 않아도 덜 미안해졌고, 어느 순간 아예 부업의 꿈을 접게 되었다.

지점을 옮기고 나서도 근무시간은 그대로였다. 밤 11시 전에는 퇴근하기가 어려웠다. IMF 전까지는 우리나라의 경제는 계속 성장하고 있었다. 그리고 내가 일하던 조직도 성장 속도가 빨라 일이 많을 수밖에 없었다. 특히 우리 조직은 경쟁회사보다 적은 인원으로 많은 이익을 창출해 직원 1인당 생산성이 높기로 정평이 나 있었다. 따라서 직원 대부분이 육체적으로 힘들면서도 동종업계 1등이라는 자부심을 갖고 있었다. 게다가 급여도 업계 최고 수준이었으므로 힘들면서도 버틸 수 있었던 것이다.

그렇게 한동안 잊고 있었던 네트워크 마케팅 사업을 다시 접하게 된 것은 지점을 옮기고 난 1년 후였다. 내게 해외송금과 환전업무를 하러 오시는 재일교포 고객이 있었다. 그 고객의 방문 횟수가 많아지면서 나와 친밀한 관계가 되었다. 그런데 어느 날 갑자기 시간이 날 때 주로 뭘 하면서 지내냐고 묻는 것이었다. 나는 피곤해서 휴식을 취하거나 주로 잠잘 때가 많다고 했다. 그러자 그 고객은 자신은 일본에서 사업을 하고 있다. 한국에서도 같은 사업을 진행하기 위해 양국을 오가고 있다. 그리고 나에게도 그 사업을 전달하고 싶다는 것이었다. 당시 나는 그냥 지나가는 말이려니 하고 흘려들었다. 그런데 그 고객이 내게 업무를 보러 올 때마다 시간을 내달라는 것이었다.

그 고객은 재일교포 여성으로 화려하게 화장하고 치장해 외모가 튀는 편이었다. 범상치 않은 외모로 인해 직원들 사이에서도 잘 알려진 고객이었다. 그런 고객이 내게 적극적으로 대시해오니 궁금하던 차에 얘기나 들어보자는 마음으로 약속 날짜를 잡았다.

사업 내용은 뜻밖에 네트워크 마케팅이었다. 회사 역시 동료 직원이 처음 소개했던 회사와 같았다. 그녀는 이미 일본에서 자리를 잡았고 고국인 한국에서도 같은 사업으로 성공하기 위해 자주 양국을 오간다는 것이었다. 은행에서 개인적인 일을 보다가 나와 자주 접촉하면서 내게도 같은 사업을 전달하고 싶어졌다고 했다.

나는 그 자리에서 이미 그 사업 내용에 대해 교육을 받은 적이 있다. 그래서 어느 정도 알고 있고 피라미드가 아니라는 것도 알고 있다고 했다. 그러자 그녀는 강의만 들었을 뿐 구체적으로 사업을 진행한 것이 아니니 잘 모르는 것과 같다고 했다. 그러면서 자신의 노하우를 전달하고 싶다고 했다. 마침 교육장이 지점 바로 옆 건물에 있으니 본인과 세 번만 같이 가보자고 하면서.

참으로 난감하지 않을 수 없었다. 야멸차게 거절하기가 어려워 일단 세 번만 가기로 하고 헤어졌다. 그 후 약속대로 교육장에 갔지만 내 생활은 바뀌지 않았다. 주중에는 업무로 인해 밤늦은 시간까지 야근하고 주말에는 집에서 쉬기 바빴다. 사업모델이 아무리 훌륭해도 2시간 넘게 자리에 앉아 있는 것은 고역일 수밖에 없었다. 그 고객은 나의 하소연을 들으면서도 계속 긍정적인 마인드를 심어주려 노력했다.

더욱 안 좋은 상황이 얼마 지나서 닥쳤다. 사업 내용에 대해 알아볼 당시 나는 그 회사 회원으로 등록했다. 그런데 회원으로 등록하려면 반드시 스폰서가 있어야 한다고 했다. 그런데 나의 동료가 내 스폰서로 등록이 된 것이다. 내가 사업을 진행하지 않더라도 내버려두면 나의 스폰서는 바뀌지 않는다.

그런 상황에서 재일교포 고객은 나의 스폰서를 자신으로 바꾸고 싶다고 했다. 그래서 잠실에 있는 본사에 같이 가서 스폰서 변경 작업을 했다. 그때 나의 동료의 스폰서가 나를 본 것 같았다. 그러곤 나의 동료에게 내가 배신했다고 고자질을 한 것이다.

나는 동료에게 미안하다고 했다. 동료는 쿨하게 괜찮다고 하면서도 크게 실망했던 것 같다. 그 후로는 그 동료와 마주치는 일이 있어도 서먹하기만 했다. 그러다 얼마 지나지 않아 나는 네트워크 마케팅 사업과 멀어졌다. 동료 역시 더이상 사업을 하지 않는다고 했다.

20년이 훌쩍 지난 이야기를 곱씹는 이유는 노후를 위해 안정적인 수입구조를 만들어 놓지 못했기 때문이다. 안정적인 수입은 단순히 생존을 위한 필요조건 이상의 것을 의미한다. 매달 일정한 날짜에 일정한 수입이 발생하는 것은 심리적으로 엄청난 안정감을 준다. 직장생활을 30년 가까이 했기 때문에 국민연금이 있으니 굶지는 않으리라 생각할 수도 있다.

그런데 이 확신이 최근 들어 깨지고 있다. 우리나라의 초고령사회 진입이 빨라지면서 2050년이면 현재의 연금이 고갈될 전망이기 때문이다. 불과 30년 후의 일이다. 현재 추세대로라면 나도 그때까지 생존해 있을 확률이 높다. 정말 필요한 시기에 연금이 끊길 수 있는 것이다.

이제야 20여 년 전에 있었던 일을 소환한 이유는 아쉬움 때문이다. 기회가 있었는데 잘 살리지 못한 경우가 한두 개가 아닐 것이다. 네트워크 마케팅 사업도 그중 하나인 것은 분명하다. 임금 피크에 진입한 이후 매년 나의 소득은 줄어들고 있다. 그런 가운데 정년퇴직 이후에 최소한 현재의 생활 수준을 유지하려면 연금 이외의 수입원이 반드시 필요하다.

그런 상황에서 몇 년 안에 연금개혁이 단행될 것이다. 더 내고 덜 받는 방향으로. 연금을 수령하는 나이도 더 미뤄질 것이 확실시된다. 정년이 가까워질수록 연금에만 의지하는 삶이 너무 불안해지는 이유이다.

02

/

노후 자금 준비는 각자의 몫이다

한국인들의 부모 부양에 대한 가치관과 태도가 급격히 변화하고 있다. 부모를 부양하는 책임이 가족에게 있다는 인식은 줄어들고 국가와 사회 그리고 본인이 책임져야 한다는 생각은 커지고 있다.

가장 최근 자료인 통계청의 2002~2018년 사회조사에서 '부모 부양을 누가 할 것이냐'는 물음에 '가족'이라고 답한 비율이 2002년에는 70.7%에 달했다. 하지만 이 비율은 2014년에 31.7%, 2018년엔 26.7%로 급감했다. '사회 혹은 기타'가 부모부양에 책임이 있다는 응답은 2002년 19.7%에서 2014년 51.7%, 2018년 54.0%로 늘어났다. '스스로 해결'해야 한다는 대답도 2002년 9.6%에서 2010년 12.7%, 2014년 16.6%, 2018년 19.4%로 꾸준히 상승했다.

실제로 사회나 국가가 노인들을 얼마나 책임질 수 있을지는 알 수 없으나 분명한 것은 부모 세대 부양에 대한 의식은 변하고 있음을 보여주고 있다. 이 같은 부양에 대한 생각 변화는 주로 청년 세대를 중심으로 이루어지고 있다. 즉 시간이 흐를수록 청년층들은 자기 부모들을 부양할 생각이 없으며 본인들도 당연히 자식에게 의존할 생각이 없다는 것이다. 어쩌면 청년 실업 문제가 대두되면서 경제적으로 부양할 자신이 없다고 하는 편이 맞을지도 모르겠다. 반대로 다른 리서치에 의하면 50세~69세 성인 대상으로 '노후를 자녀가 부양하기를 원하는가'에 대한 물음에 80%가 원하지 않는다고 답변했다.

이제 셀프 부양 시대가 도래하고 있다. 셀프 부양이란 자신의 노후를 스스로 책임지는 것을 말한다. 최근엔 인구 고령화가 심화되면서 셀프 장례란 말도 생겨나기 시작했다. 죽기 전에 자기 장례를 타인이 치러주도록 미리 자금을 준비해둔다는 것이다.

우리 부모 세대만 하더라도 자식에게 노후를 의존할 수 있었다. 부모 세대가 그 부모 세대를 부양했고 자식을 위해 고생하였기 때문에 자식들이 자기를 부양해야 한다는 생각이 자연스러웠다. 그리고 자식들도 당연한 도리라고 여겼기 때문이다.

그러나 현재 대다수 50~60대 중장년층은 부모에게는 전통적인 부양을 하고 자신에게는 셀프 부양을 하면서, 자식들의 교육과 결혼까지 책임지는 독특한 세대이자 부모를 부양하는 마지막 세대이다. 그러다 보니 정작 자신의 노후를 준비 못 하고 본인이 노인이 되었을 때 빈곤으로 빠질 위험이 높아졌다.

『오십부터는 노후 걱정 없이 살아야 한다』(강창희 외 1)에서 강창희 트러스톤자산운용 연금포럼 대표는 수많은 컨설팅을 하면서 보아온 노후에 대한 착각을 세 가지로 말한다.

첫째, 노후 대책을 80세까지만 세운다. 이미 평균 수명이 90세에 이르고 있는데 80세까지만 사는 것으로 착각한다는 것이다. 80세 이후 어떻게 살 것인가에 대한 대비는 소홀히 하고 있다는 것이다.

둘째, 자신의 죽음이 조용히 올 것으로 착각한다. 갑자기 조용히 찾아오는 죽음도 있지만 병, 외로움, 가난 등으로 오랫동안 잔혹한 모습으로 올 수도 있다.

셋째, 자녀에 대한 투자는 거의 무한정으로 하고 있다. 자녀에게 투자한 돈은 회수되지 않는다. 많은 재산이 있어도 자식에게 쏟기 시작하면 그 돈은 금방 동이 난다. 그리고 자식과의 관계가 돈으로 이어지다 보면 결국 남는 것은 아무것도 없게 된다.

위의 세 가지를 셀프 부양을 어렵게 하는 주요 이유로 꼽았다. 셀프부양에 정서적 자립도 포함된다고 하지만 결국 노후 자금이 문제다. 미국의 중산층들이 가장 두려워하는 게 '죽기 전에 돈이 떨어지는 것'이라고 하는 기사를 본 적이 있다. 당장엔 먹고사는 데 지장이 없는 사람이라도 마음속엔 항상 최악의 상황에 대한 두려움이 있는 것이다.

나는 최근 노인들의 모습을 목격하고 나이 들어서 돈이 없으면 저렇게 살아야 하는 건가 하는 회의감이 들 때도 있었다.

최근에 내가 사는 아파트에 정전이 일어났다. 사람들은 곧 복구가 될 것으로 기대하고 기다렸다. 그러나 바로 복구가 되지 않자 사람들이 하나둘씩 밖으로 나오기 시작했다. 게다가 임시로 발전기를 돌렸는지 갑자기 전기실에서 연기가 나고 냄새가 나기 시작했다. 그때부터 몇몇 주민들이 경비원 아저씨들에게 소리를 지르며 타박을 하기 시작했다. 경비원들도 전기기술자가 아니므로 원인을 알 수 없었다. 같이 지켜볼 수밖에 없는데도 거기다 대고 소리를 질렀다. 경비원 아저씨들은 모두 환갑을 훌쩍 넘기신 분들이었다.

최근 매스컴을 통해 경비원들이 주민들의 갑질에 못 이겨 스스로 목숨을 끊었다는 뉴스를 봤을 것이다. 우리 아파트에서는 결코 일어나지 않을 것이라고 생각했다. 그런데 평소에는 점잖던 사람들이 갑자기 변하는 모습을 보고 경비원 아저씨들도 사람들이 왜 저러나 하는 표정이었다.

주변 지인들 중 주택관리사 시험을 준비하는 사람들이 몇몇 있었다. 재수, 삼수하다가 간신히 붙었다는 얘기도 들렸다. 하지만 나는 애당초 아파트 관리소장이든 경비원이든 아파트 관리와 관련된 일은 하고 싶지 않았기 때문에 하나도 부럽지 않았다. 아파트 주민들의 말도 안 되는 갑질을 내가 직접 많이 봐왔기 때문이다.

하루는 퇴근 후 집 앞에 도착해서 엘리베이터를 타려고 하는데 나이 많으신 노인이 짐을 실으려고 엘리베이터를 기다리고 있었다. 택배를 하시는 노인이었다.

"회장님 몇 층까지 가십니까?" 나는 누가 내 뒤에 있나 뒤돌아보았다. 아무도 없었다. "저요?" 하고 물으니 "네, 네." 하는 것이다. "저 회장님 아닌데요." 하니 "아, 그러시구나." 하는 것이었다. 그동안 무슨 일이 있었나 싶었다. 노인이 저 나이 되도록 택배 일이라도 하지 않으면 먹고살기 힘들구나 하는 생각이 들어 서글펐다. 나도 늙어서 돈이 없으면 일단 아무한테나 회장님이라고 불러줘야 하나 하고 실소하고 말았다.

셀프 부양이 안되는 사람을 일본에서는 하류 노인이라고 부른다. 하류 노인이란 말 그대로 보통의 생활이 불가능하여 '하류' 생활을 할 수밖에 없는 노인을 뜻하는 말이다. 고령화 사회를 우리보다 일찍 겪고 있는 일본은 이미 하류 노인 문제가 사회 문제로 대두된 지 오래됐다.

『2020 하류 노인이 온다』(후지타 다카노리)에서 일본의 경우 하류 노인에 이르는 이유는 질병과 사고, 시설 부족, 자녀 문제, 황혼 이혼, 치매 발병 등을 들고 있다. 그나마 일본이 한국보다 다행인 것은 평균 연금수혜액이 한국의 8배에 달한다는 점이다. 이 정도인 일본이 하류 노인의 문제가 심각하다고 인식하고 있는데 복지안전망이 훨씬 허술한 한국의 하류 노인 문제는 훨씬 심각하다. 하류 노인의 대량양산이 임박했다고 할 수 있다.

특히 한국 사회는 하류 노인의 양산 체제 요인이 수두룩하다. 조금 여유 있게 노후 자금을 준비한 사람도 여차하면 빈곤 노인의 나락으로 떨어질 수밖에 없다. 이미 한국 노인의 절대다수는 가난하다고 나와 있다. 2012년 통계청 발표에 따르면 노인들의 상대 빈곤율이 49.3%에 달한다. OECD 회원국 가운데 압도적 1위이고 불명예스럽게도 노인 자살률 역시 OECD 회원국 가운데 1위를 기록하고 있다.

그러나 내가 더욱 관심 있게 보는 것은 중산층에서 빈곤층으로 악화되는 사례다. 현역 시절에 멀쩡히 잘 살던 사람이 퇴직 후 혹은 은퇴 후 빈곤 상황에 직면하는 것이다. 애초부터 잘 살지 못했던 사람보다 이 경우 상황이 더 심각할 것 같다. 이들이 느끼는 좌절감은 상상 이상일 것이다. 자신이 중산층이라고 여겼는데 어느 날 빈곤층이 되어버렸다는 상실감은 당해보지 않으면 체감하기 힘들 것이다. 우리 아파트 경비원 아저씨들 이야기 들어 보면 젊었을 땐 번듯한 직장에 다니던 분들이다. 현재 모습만 보면 상상하기 어려울 정도다.

자신이 80세까지만 살 거라는 착각, 죽을 때까지 건강할 것이라는 착각, 자녀에게 투자했던 자금이 되돌아올 거라는 착각을 하지 않는다고 하류 노인으로 떨어지지 않는다는 보장이 있을까? 혹시 착각을 하더라도 구제받을 수 있는 방법은 없는 것인가?

완벽한 대책은 없을 것이다. 하지만 생각을 달리하면 피할 수 있을 것이다. 젊을 때부터 자신의 소득을 자산 소득으로 만들기 시작하는 것이다. 근로 소득이 있을 때 시작해야 한다. 부동산 임대 수입, 자기 저서 인세, 네트워크 구축에 의한 수입 등 가능한 한 여러 가지 수입 파이프 라인을 만들어 놓아야 한다. 그래야 죽기 전까지 돈이 마르지 않을 수 있다.

03

/

한 가지 소득으로만 살아가기는 어렵다

6~7년 전쯤 둘째 아이가 초등학생 때 키가 작고 체구가 왜소했다. 제대로 안 먹이는 게 아닌데 도무지 살이 오르지 않고 비쩍 말라 있었다. 마침 아이 친구의 어머니가 내가 예전에 잠깐 공부했던 네트워크 마케팅 사업을 하고 있다는 말이 생각이 났다. 아이 친구가 우리집에 놀러 왔을 때 엄마, 아빠 뭐 하시는지 물어봤었다.

그때의 기억이 떠올라 아내에게 영양제를 먹이면 어떻겠냐고 제안했다. 마침 아이 친구 어머니가 관련 사업을 하고 계시니 팔아주자고 했다. 그 회사의 제품은 질이 좋기로 이미 정평이 나 있었다. 이왕 먹이기로 한 거 좋은 거 먹이고 아들 친구 어머니에게도 도움이 되고 싶었다. 같은 아파트 단지에 살았기 때문에 아내와 그 학부형을 바로 만나 상담을 했다.

그 만남은 전혀 엉뚱한 방향으로 흘러갔다. 학부형은 아내에게 영양제만 상담한 것이 아니었다. 만남의 횟수가 많아지면서 다른 영영제, 치약, 비누 그리고 공기청정기 등 고가의 물품도 사들였다. 학부형이 설명을 잘한 것인지 아내가 필요에 의해서 끌린 것인지 아니면 둘의 니즈가 서로 맞아 떨어진 것인지 모르겠으나 아내는 제품뿐만 아니라 점차 네트워크 마케팅 사업에 빠져들었다.

학부형은 네트워크 마케팅 사업에서 상당히 성공한 위치에 있었다. 외국계 회사에서 오래 직장생활하다가 출산 휴직 중에 다른 학부형으로부터 네트워크 마케팅 사업을 소개받았다. 휴직 기간 중 열심히 공부하고 부지런히 설명회에 쫓아다니면서 비전을 보게 되었다고 했다. 휴직 기간이 끝날 즈음에 복직이냐 네트워크 마케팅 사업 전업이냐를 두고 고민하다가 결국 회사는 사직을 하고 전업 사업자가 되었다. 회사 월급이 적지 않았기 때문에 그의 남편은 직장을 그만두는 것에 대해서 부정적이었다고 했다. 하지만 당장의 수입보다 몇 년 고생하면 기존 월급보다 훨씬 많은 수입을 얻을 수 있을 것이란 비전을 보았기 때문에 과감히 사직을 하고 사업에 뛰어들었다고 했다.

직장생활을 하고 있는 나의 아내도 아이 친구 엄마인 학부형의 성공한 모습이 좋아 보였을 것이다. 직장인이라면 언제가 직장을 떠나야 한다는 것을 알기 때문에 아내도 무언가 해보고 싶은 욕구가 있었다. 하지만 대부분의 직장인들이 생각은 있으면서도 막상 무언가 실천으로 옮기기가 쉽지 않았다. 막연하게 생각만 하던 아내에게 학부형은 좋은 롤모델로 보였을 것이다.

아내는 점차 네트워크 마케팅 사업에 발을 들여놨다. 학부형은 아내의 스폰서가 되었다. 스폰서란 후원자인 것이다. 그리고 적극적으로 아내에게 사업을 안내하고 도와주었다. 생필품, 화장품, 영양제 등 아내의 제품 구매 금액과 횟수가 늘어났다. 그래도 제품의 질에 관해서는 만족했기 때문에 불만은 없었다. 나는 평소에 돈을 조금 더 주더라도 제대로 된 물건을 쓰자는 주의였으므로 오히려 잘됐다 싶었다.

아내의 생활도 사업자로 바뀌었다. 나는 아내가 좋은 물건 비싸게 소비하고, 퇴근 후 교육장에 들렀다 늦게 들어오고, 같은 사업자들끼리 밤늦게까지 교류하는 자리에 있다가 오는 일을 모두 이해했다. 나도 20여 년 전에 잠시 그런 적이 있었기 때문이다. 비록 물건을 구입하거나 사업을 실제로 하진 않았어도 그 문화는 이해할 수 있었다. 무엇보다 내가 아내에게 억지로 사업을 시킨 게 아니고 본인이 좋아하고 재미있어 하니 말릴 이유가 없었다. 나는 퇴근 후 항상 피곤해서 부업이란 걸 실천하기 어려웠는데 아내는 피곤해도 교육 참석과 미팅에 빠지지 않았다.

아내의 사업 활동은 나에게도 영향을 미쳤다. 애당초 스폰서와 아내는 학부형으로 만났다. 아내가 사업을 하면서 학부형이 아닌 같은 사업을 하는 동지가 되었고 남편들도 포함한 모임을 자주 갖게 되었다. 만남의 횟수가 많아지면서 나의 생활도 영향을 받게 되었다. 여자 혼자 사업하는 것보다 부부가 같이하면 성장 속도가 빨라진다고 나를 설득하였다.

먼저 일주일에 두 번 교육과 미팅 참석을 요구 받았다. 교육장에서 그 회사 창업자가 누구며 창업이념은 무엇인지 처음 어떻게 사업을 시작하게 되었는지와 사업을 하게 되면 소득은 어떻게 발생하고 어느 정도 하면 얼만큼 버는지 교육을 받았다. 이미 20여 년 전에 들었던 얘기였으나 다 잊어버려 새롭게 들렸다. 어쨌거나 20여 년 전에 퇴근 후 2시간 넘도록 책상에 앉아 교육받는 것을 견디지 못해서 중도에 포기했었는데 얼떨결에 다시 그 생활로 접어든 것이다.

아내는 나를 설득하였다. 나의 퇴직이 점점 다가오는데 딱히 무엇을 할 것인지 아직 정해 놓은 것도 없이 막연히 시간만 보낼 수 없지 않으냐, 다행히 가까이 살고 있는 유능한 조력자가 우릴 밀착 케어하고 있으니 잘 이용하자는 것이었다. 듣다 보면 좋은 점이 많았으나 퇴직 후에 돈에 구애받지 않고 풍족하게 살아보자는 말이 나를 움직였다.

20여 년 만에 교육장이란 곳을 가니 많이 달라져 있었다. 서울에만 수십 개의 교육장이 있고 운영 주체가 누구냐에 따라 분위기가 많이 다르다고 하였다. 교육장은 쾌적하고 깨끗했다. 예전에 콩나물 시루 같았던 교육장의 모습이 아니었다. 정말 다행스러웠다. 20여 년 만에 교육장에 간 첫날, 열악했던 옛날 모습을 떠올리며 유쾌하지 않은 마음으로 갔다가 뜻밖의 광경을 보고 안도하지 않을 수 없었다. 다만 의자에 앉아 꼬박 2시간 동안 누군가의 강의를 들어야 하는 것은 역시 고역이었다.

강의 내용 중 내가 유심히 들은 것은 먼저 사업을 시작해서 성공한 사람들의 경험담이었다. 대다수가 네트워크 마케팅에 대해서 나보다 늦게 접한 사람들이었다. 만약 20여 년 전에 내가 이 사업을 했더라면 내가 성공자가 되었을 수도 있었을 텐데 이런 쓸데없는 생각을 했다. 정년퇴직이 턱밑에 다가와서 후회해본들 다 부질없는 짓이라고 머리를 가로저었다.

교육장에 모인 사람의 80%가 여성이었다. 남성들이 있긴 했지만 대부분 나처럼 배우자의 손에 이끌려 나온 사람들로 보였다. 주사업자는 거의 다 여성들이었다. 강의장에 나와서 같이 교육을 받는 남편을 둔 여성 사업자는 해피한 경우다. 남편 중에 네트워크 마케팅 사업에 부정적이어서 못 하게 하는 경우도 있고 하고 싶으면 혼자 하되 참여를 강요하지 말라고 하는 경우도 많기 때문이다.

여성들은 처음엔 아이들 교육비에 보태거나 부모님들 용돈이나 드리고 싶은 마음으로 시작한다. 처음부터 크게 욕심 안 내고 월 100만 원이라도 벌어보자는 심정으로 시작했다가 수입이 점차 많아지면 더 큰 꿈을 꾸게 된다. 나의 아내도 그런 마인드로 시작했다. 나도 진지하게 교육을 받아보니 처음엔 수입이 많지 않더라도 퇴직이 가까워질 때는 월 100만 원은 더 벌 수 있을 것 같았다.

최근 부부가 동반으로 정년퇴직한 분을 만나 식사를 했다. 국민연금 수령까진 아직 2~3년 기다려야 하는데 수입원이 없다고 했다. 당장엔 퇴직금으로 생계를 꾸려나가겠지만 어디에서도 10원 한 장 주는 곳이 없다며 불안해했다. 퇴직 후 100만 원이 아니라 10만 원도 아쉽다고 했다.

내가 네트워크 마케팅 사업을 알아보고 미약하게나마 시작한 이유는 수입원을 다원화하고 싶어서였다. 한 가지 수입에만 의존하는 것은 더이상 미덕이 아닌 세상이다. 오히려 용감하다고 생각된다. 퇴직 후에는 아무도 나의 생계를 책임지지 않기 때문이다. 요즘 핫한 아르바이트로 대리운전과 배달같이 몸을 쓰는 일도 있으나 신체적으로 상해를 입을 수도 있어서 리스크가 있다고 판단되었다. 네트워크 마케팅 사업이 나의 본업에 지장을 주지 않고 돈이 들지 않는다는 점에서 현실적이라고 보았다.

04

/

퇴근 후 2시간을 알차게 사용하라

A사 네트워크 마케팅 사업을 20여 년 만에 접하게 된 후 처음부터 다시 공부를 시작하였다. 90년대 중반에 처음 공부할 당시와 비교했을 때 많이 달라져 있었다. 당시에도 주 사업자들은 여성들이었고 열정적으로 사업하는 사람들 대부분 여성들이었는데 그 점은 지금도 별로 달라지지 않았다.

예전에는 강단에서 제품 시연을 했었는데 요즘엔 안 하는 것이 두드러지게 달라져 보였다. 지금도 당시에 시범을 보였던 여성의 손이 너무 떨려서 마구 흔들렸던 기억이 또렷이 남아 있다.

또한 당시만 해도 우리나라에 들어온 지 얼마 되지 않은 초창기여서 주먹구구식이었던 기억이 있는데 지금은 많이 시스템화되어 있었다. 교육장에 참석하는 인원도 수백 명이 바글거릴 정도는 아니었다. 그 덕분인지 실내 환경이 쾌적했다.

강의가 끝날 때마다 한 사람씩 자기가 느낀 점에 대해서 스피치를 한다. 청중의 자리에선 아무렇지도 않은데 앞에 나가서 스피치를 해보면 많이 긴장되고 누구나 떨게 되어 있다. 나도 사람들 앞에서 얘기할 기회가 많지 않아서 어색하지만 부들부들 떨 정도는 아니었다. 그러나 강의 끝나고 참석자 한 사람씩 돌아가면서 1~2분 정도 스피치 하는 시간이 되면 매번 할 때마다 긴장이 됐다. 다른 사람들이 발표하는 내용은 들어오지도 않는다. 오로지 무슨 말을 할 건지 그리고 최대한 빨리 끝낼 궁리만 하게 된다. 실제 처음 오는 사람들 중 대부분은 자기는 어떤 자리에서도 떨지 않는데 이상하게 많이 떨린다고 실토한다. 사업을 한다는 것이 먹고 사는 문제이기 때문일 것이다. 말하는 것도 떨리는데 앞에서 제품 시연하는 것은 얼마나 더 떨리겠는가. 아무튼 당시에 떨리는 손과 목소리로 열정적으로 제품 시연하던 그분의 모습은 지금 어떻게 달라져 있을지 궁금하다.

나는 일주일에 두 번 교육장에 나갔고 별도로 다른 미팅에도 참석하였다. 네트워크 마케팅 사업이란 게 결국 사람들과 어울리고 도움을 주고

받는 사업이기 때문에 각종 미팅 참석은 필수라고 했다.

사실 나는 낯을 가린다고 생각해서 모르는 사람과 어울려야 하는 자리가 편하지는 않았다. 활달한 성격이 아닌 데다가 회사에서 제때 승진하지 못하고 있는 처지여서 잘 모르는 사람에게 먼저 다가가진 않았다. 그래서 점점 혼자 있는 게 더 마음 편하게 변화되어 갔다. 공식적인 입행 동기 모임에 나간 지도 오래됐고 동창들도 개별적으로만 만나고 있었다. 인간관계라는 것이 잘 모를 땐 서먹하고 어색하여도 자꾸 만나다 보면 친밀해지는 것일 것이다. 하지만 나는 자주 만나고 마음 편한 사람들 하고만 교류하게 되었다.

미래를 준비하기 위해 새로운 사람들을 만나는 것보다 더 부담스러운 것은 육체적 피곤함이었다. 20여 년 전 처음 소개 받았던 네트워크 마케팅 사업을 제대로 하지 않은 이유 중 하나가 결국 피곤함 때문이었다. 퇴근 후에 2시간 동안 꼼짝 않고 의자에 앉아서 강의를 듣는 것이 나에겐 가장 힘든 일이었다. 그리고 젊을 때는 육체적 피곤함 외에 다른 유혹들이 많아서 아무리 좋은 사업이라고 안내를 받아도 우선순위에 밀리기 쉬웠다. 하지만 이젠 정년 이후 여유로운 생활을 위해 모든 방해물을 견뎌 내야 한다고 다짐하게 되었다.

나와는 달리 아내는 직장에서 교육장까지의 거리가 나보다 멀었음에도 거의 빠지지 않고 교육, 세미나, 미팅에 참석하였다. 항상 맨 앞자리에 앉아 열심히 필기했고 사람들과도 잘 어울렸다. 누가 억지로 시키면 아마 그렇게 못 할 것이다. 본인이 즐기며 사업을 진행하니 나로서는 너무 열심히 하지 말라고 말릴 이유가 없었다.

내가 어영부영 대충하던 네트워크 마케팅 사업에 좀 더 진심을 가지고 공부하게 된 계기는 아내의 암 진단이었다. 몸에 이상을 느껴 병원에 갔는데 진단 결과는 유방암 2기였다. 갑자기 하늘이 노래졌다. 아내보다도 내가 더 쇼크를 받았다. 그동안 나의 가족은 물론 가까운 친인척들 중 암 환자는 없었기 때문이다. 우리 가족 그것도 나의 아내가 암이라니 어디서부터 무엇을 해야 하는지 당황스러웠다. 형제들과 친인척들은 오진일지 모르니 최소한 두군데 더 다른 병원에 가서 검사를 받아보라고 했다. 하지만 검사 결과는 결과는 동일했다.

네트워크 마케팅 사업은 단순히 재정적 안정을 도모하는 것이 전부는 아니었다. 아내와 내가 당황할 때 자신의 일처럼 적극적으로 해결책을 안내해준 사람들이 네트워크 내 같은 사업을 하고 있는 동업자들이었다. 아내의 스폰서 겸 학부형은 마치 자기 일처럼 걱정하고 백방으로 알아봐 주었다.

그 당시에 마침 개의 구충제로 말기암을 치료했다는 뉴스가 퍼졌다.

유튜브상에는 구충제 복용 후 어떤 변화가 있는지 매일매일 띄우는 사람도 늘어났다. 그 소문이 나자 암 환자들이 너도나도 개 구충제를 구하느라 한때 품귀 현상이 발생했다. 말기 암 환자들이 지푸라기라도 잡는 심정으로 사재기하느라 국내에 재고가 떨어졌고 가격이 10배 이상 치솟았다. 스폰서는 아내를 위해 해외 직구로 간신히 구매해주었다. 아내는 개 구충제도 먹었으나 효과는 없었다. 하지만 개 구충제로 효과를 본 사람도 있으니 한번 복용해보자며 어렵게 구해다 주는 스폰서의 정성이 고마웠다.

아내는 일단 집에서 가까운 종합병원에서 상담받았다. 수술하기까지 3개월 이상 기다려야 한다고 했다. 그러나 네트워크 내에는 각계 각층의 다양한 사람들이 연결되어 있어서 덕분에 유방암에 관한 한 국내 최고의 병원에서 최고의 의사에게 치료받을 수 있는 길이 열렸다. 수술 날짜는 1개월 후에 잡혔다. 아내가 열심히 사업 활동을 하고 교류를 활발히 했기 때문에 가능한 일이었다. 아직 크게 성공한 사업자가 아니었음에도 네트워크 내에 연결되어 있는 것만으로 많은 혜택을 보았다. 많이 의기소침해 있던 나는 감사할 수밖에 없었고 네트워크의 위력을 실감하는 계기가 되었다.

아내가 암 진단을 받은 때는 아직 아내가 사업 초기였기 때문에 자신의 네트워크가 형성되기 전이었다. 그리고 네트워크 내에서 존재감은 극히 미미했다. 하지만 네트워크 내에서 같이 사업을 하는 사람들은 거의 가족과 같은 소속감을 갖게 된다. 경조사는 기본이고 아내처럼 곤란한 일, 불행한 일을 겪으면 내 일처럼 서로 돕는다. 그리고 궁금한 점이 있으면 바로바로 답을 얻을 수 있다. 카톡방에 궁금한 점을 던지면 아는 사람들의 답이 올라온다. 집단 지성의 힘인 것이다. 나의 첫아이가 대학 입시에 연거푸 실패하고 정말 대책이 없을 때도 네트워크 내에서 정보를 얻어 서울에 있는 대학에 들어갈 수 있었다.

네트워크의 파워를 볼 수 있는 것은 집단화된 소비자다. 개개인이 특정 제품을 구매할 때는 할인 받기가 쉽지 않다. 그러나 소비자 수만 명이 집단을 형성한 후 특정 아이템을 함께 구매할 때는 제품의 품질, 가격에 대해서 제조사와 직접 네고가 가능하다. 소비자들이 특정 상품에 대해서 스펙을 요구할 수가 있는 것이다. 이른바 집단 소비자 파워다.

예를 들어 A사 네트워크에서 판매되는 라면이 있다. 이 라면은 A사와 제조사가 별도의 협약을 통해서 면을 기름에 튀길 때는 최상급의 첫 번째 기름을 사용하기로 한다.

생필품 외에 실내자전거, 안마기 등도 국내 생산자와 특약을 통해 최상의 품질을 보장받고 시장가격보다 훨씬 싸게 구매할 수가 있다.

다행히 아내는 외과적 수술로 암 부위를 제거했다. 유방암 수술은 환자가 워낙 많기도 하지만 대수술은 아니어서 입원실에 오래 머무르지 않게 한다. 대부분 사나흘 후에 퇴원시킨다. 아내의 암 수술 후 나는 본격적으로 공부에 뛰어들었다. 퇴근 후 여전히 몸은 피곤했지만 남의 일이 아닌 나와 관련된 사업으로써 성실히 임하게 되었다.

2020년부터 닥친 코로나 팬데믹은 네트워크 마케팅 사업에도 많은 변화를 주었다. 대면접촉이 안 되다 보니 사업이 많이 위축될 줄 알았다. 그러나 비대면으로 사업할 수 있는 방법이 개발되었다. 아프리카 TV로 오프라인 교육을 대신하고, 줌으로 미팅하고, 유튜브로 많은 교육 콘텐츠를 제작함으로써 사업 여건이 오히려 더 좋아졌다고 할 수 있다. 강의장에 앉아 있는 것이 힘들었던 나에게는 오히려 여건이 더 좋아진 것이다. 사업 방법이 진화하여 퇴근 후 2시간 각종 유튜브 콘텐츠를 시청하며 공부하고 카톡을 통해 좋은 콘텐츠를 공유하면 이것이 바로 사업인 것이다. 비대면 사업방식 도입 후 A사 매출액은 줄지 않고 계속 증가하고 있다.

05

/

스스로 즐기면서 잘할 수 있는 일을 찾아라

희망 퇴직 대신 임금 피크 진입을 결정한 후 한동안은 마음이 이상하게 착잡했다. 결정 후 한 달도 안 돼 인사이동이 났다. 기존에 근무하던 본부부서에서 지역본부로 발령이 났고 그 지역의 영업점 중 인력이 필요한 지점으로 파견을 나갔다.

파견 점포로 첫 출근하고 영업점 직원 10여 명과 인사하고 정해진 내 자리에 앉으니 만감이 교차했다. 자리도 낯설고 직원들도 낯설었다. 정말 잘한 선택인가? 계속 똑같은 질문만 되풀이하고 있었다.

임금 피크를 선택하기 전에 아내의 네트워크 마케팅 사업 스폰서와도 상담했었다. 스폰서는 아내의 암 진단 이후 자신의 일처럼 여기저기 백 방으로 뛰어다니며 정보를 얻어주었다. 그래서 우리 부부와 스폰서 사이에는 끈끈한 신뢰가 형성되었기 때문에 나의 문제를 두고 자문을 구했다. 정보가 풍부한 네트워크 내에서 나와 같은 사례가 있었는지 혹시 도움을 받을 수 있을까 해서 상담을 요청했었다.

아내가 주사업자이긴 하지만 나도 1년 넘게 아내의 A사 네트워크 마케팅 사업에 관여하고 각종 미팅과 교육, 세미나에 참석하여 왔으니 사실상 나도 사업을 하고 있는 것이나 마찬가지였다. 네트워크 내에는 젊은 나이에 은행을 그만두고 사업에 뛰어들어 성공한 케이스는 있으나 나같이 정년을 앞두고 사업에 뛰어든 경우는 아직 없다고 했다. 이참에 나도 퇴직하고 전업 사업자로 뛰어드느냐 아니면 당분간 부업으로 하느냐를 두고 의논한 끝에 정년퇴직까지 5년 정도 남았으니 사업이 자리를 잡을 때까지 부업으로 진행하는 쪽으로 결론을 내렸었다.

파견 영업점으로 출근 후 열흘 정도 지났을 무렵 스폰서의 스폰서 L씨의 자택으로 초청을 받았다. 엄청난 네트워크를 구축하여 국내 A사 네트워크 마케팅 업계에서 가장 성공한 사업자 중 1명이었다. 그런데 대화 중에 L씨는 나보다 한참 후에 A사 사업을 접한 사실을 알게 되었다. 따지자면 나는 상당히 일찍 A사 마케팅 사업에 접한 축에 속한다. 그러나 나와 그 사람의 처한 상황은 아주 많이 달랐다. 누구는 월급쟁이로 30년간 살면서 퇴직 이후를 걱정하는 처지이고 누구는 연간 수십억 원을 벌면서 돈과 시간의 자유를 누리는 삶을 살고 있는 것이다. 이런 차이는 선택의 차이일 것이다. 크게 보면 안주냐 도전이냐 그리고 했느냐 안 했느냐의 차이이다. 만약이란 가정은 쓸데없는 일이지만 만약 내가 20여 년 전 나에게 왔던 기회를 쉽게 외면하지 않고 적극적으로 수용했더라면 나도 지금쯤 엄청난 부자로 살 수 있었을 거라고 잠시 생각했었다.

최상위 스폰서 L씨에게 나의 상황을 설명했다. 그런데 내 얘길 듣고 나선 대뜸 잘못된 선택이라고 했다. 빨리 전업으로 전환해서 집중하면 최소 3년 안에는 기존 수입보다 많이 벌 수 있을 텐데라며 아쉬워했다. "나한테 상담을 요청했으면 좋았을 것을…." 하며 혀를 찼다. 같이 있던 스폰서도 사실 그렇게 권유하고 싶었지만 내가 현재 직장에서 완전히 퇴직하는 것에 대해서 많이 불안해해서 강권하지 못했다고 실토했다.

그다음 날 출근 후에 추운 날씨에도 불구하고 건물 밖에서 왔다 갔다하며 생각했다. 결론도 나지 않을 '어떻게 할까'를 계속했다. 오랫동안 끊었던 담배를 다시 물기까지 했다. 피우던 담뱃불을 끄고 노조에 전화를 걸었다. 희망 퇴직 신청 마감일로부터 얼마 지나지 않은 시점이었다. 희망 퇴직 신청을 번복할 수 있냐고 물었다. 담당자가 난색을 표했다. 그렇지 않아도 나 같은 사람들이 있어서 인사부에 가능 여부를 타진해봤으나 어렵다는 답변이 왔다고 했다. 그래도 다시 한 번 물어봐 달라고 했다. 그런데 전화를 끊고 나서 만약 인사부에서 지금이라도 나가라고 하면 정말 나가야 되나 갈팡질팡했다. 결국 조금 있다가 안 된다고 연락이 왔다.

"어차피 번복이 안 되는 건데 쓸데없이 방황만 했네." 쓴웃음만 나왔다. 그 이후 왠지 모를 심난함이 사라졌다. 이제 정년퇴직까지 근무하는 것이 나의 운명이라고 받아들였다.

다행인 것은 영업점장이 나에게 인격적으로 잘 대해주셨다. 연배는 비슷하지만 나이는 위셨고 퇴직을 눈앞에 두고 계셔서인지 내 입장을 많이 배려해주셨다. 임금 피크자가 지역본부로 발령이 난 것이 첫 사례가 될 처지여서 모든 것이 조심스러웠는데 그런 나의 마음을 헤아려준 마음 씀씀이가 고마웠다.

나에게 주어진 업무는 부담스럽지 않았다. 그래서 업무적으로는 스트레스가 많지 않았다. 마음의 여유가 생기면서 영업점 주변을 돌아다니기 시작했다. 생소한 동네라서 더욱 호기심이 발동하여 동네 구석구석을 돌아다녔다. 최근에 뉴타운으로 조성된 아파트 단지와 낙후된 주거지역이 혼재된 지역이었다. 서울 속에 아직도 이런 곳이 있구나 놀라웠다. 좁은 골목길을 걸을 때마다 어릴 때 살던 동네가 생각 나서 마음에 평온함이 느껴졌다.

영업점 생활이 익숙해지면서 자투리 시간을 이용해서 인근에 있는 공공도서관에 다녔다. 처음에는 가볍게 읽을 수 있는 역사, 지리, 여행 코너에서 시간을 보냈다. 읽을 책들이 많아 기분이 너무 좋았다. '참 잘해놨구나. 이 많은 책들을 구비해 놓고 누구나 공짜로 이용할 수 있도록 해놓다니!' 감탄이 절로 나왔다.

한 권의 책을 고르면 바로 옆에 꽂혀 있는 다른 책들이 궁금해졌다. 뭐부터 봐야 할지 모를 정도로 보고 싶은 책이 널려 있었다. 여러 권을 가져다 쌓아 놓지만 다 펼쳐보지도 못하고 제자리에 다시 갖다 꽂는 일이 다반사가 되었다. 책 읽는 속도가 턱없이 느린데 이 많은 책들을 언제 다 읽나 조바심이 났다. 혹시 책 속에 나의 미래 계획에 도움 되는 얘기가 있을까 싶어서 책 제목과 목차만 훑으며 지나가도 여전히 못 읽은 책들이 많아 늘 아쉬웠다. 마냥 도서관에서 시간을 보낼 수 없었기 때문이다.

여러 주제의 책들을 가볍게 읽어나가던 중 일주일 동안 정독을 하게 만든 책을 만났다. 은퇴한 노교수가 여행하면서 자기가 겪은 일을 기록한 일종의 여행기였다. 특이한 점은 도보여행이라는 점과 혼자 돌아다니는 것이다. 나의 버킷리스트 중 하나이기도 한 산티아고 순례길, 일본의 규슈 올레길, 동해 해파랑길을 걸으면서 겪은 일들을 기록한 것이다.

노구의 몸을 이끌고 말도 잘 안 통하는 외국을 그것도 혼자서 도보여행 하는 것은 대단한 결기가 아닐 수 없다. 글의 주요 내용이 혼자 걷다가 악천후를 만나서 애먹은 얘기와 여러 사람을 만나면서 겪은 것들이었다. 순탄치만은 않았던 여행이었다. 그럼에도 불구하고 부지런히 시간이 날 때마다 집을 나서는 이유는 더 나이가 들면 멀리 갈 수 없다는 것을 알기 때문이었다.

그 책을 읽고 나서 그 노인을 나의 롤모델로 삼고 싶어졌다. 내가 상상하는 나의 은퇴 후의 모습은 해외에서 차를 직접 몰고 돌아다니는 것이었다. 그러나 글을 남긴다는 것은 전혀 상상 못 했던 일이었다. 그래서 노인의 여행기는 내가 여행하면서 글까지 쓰고 있는 나의 모습까지 상상하게 만들었다.

언제까지 남의 글만 읽을 것인가. 나라고 못 쓸게 무언가. 남이 쓴 글을 읽기만 하는 소비자에서 생산자로의 전환을 위해 무엇을 해야 하는가? 문제 의식을 갖고 있던 중 대형 서점에 들렀다가 우연히 작가가 되는 길을 안내하는 책을 접하게 되었다. 거기서 작가가 되는 길이 있다는 것을 알게 되었다.

나는 업무를 위해 필요한 공문을 작성하는 것도 귀찮아하던 사람이었다. 평소 글 쓰는 일을 안 하기 때문이다. 그러나 글을 쓴다는 것은 어려운 일이 아니었다. 자꾸 쓰다 보면 글 쓰는 일에 자신감도 생긴다. 그리고 인세라는 수입을 올릴 수도 있다는 걸 알고 나면 귀찮다는 생각이 전혀 안 든다. 시간을 들여 잘 쓰고 싶은 욕심도 생긴다.

　나는 은퇴 후 내가 좋아하는 일을 하며 수입도 올릴 수 있는 길을 발견하였다. 글은 누구나 쓸 수 있다. 시작은 미약하지만 그 나중은 얼마나 창대할지 아무도 모를 일이다.

06

/

네트워크 마케팅으로 조기 은퇴한 사람들

'자신의 가능성을 확인해보려면 그리고 새로운 가능성을 탐색해보려면 의도적으로 낯선 곳에 자신을 던져야 한다. 낯선 곳에 가려하지 않는 것이 사람이기 때문에 밀어 넣어야 한다. 생각이 바뀌어서 그 자리에 가는 게 아니다. 그 자리에 가면 그에 맞는 생각을 하게 된다.'

우리는 애써 낯선 곳에 가려 하지 않는다. 낯선 곳에 적응하려면 시간이 걸린다. 우리는 살면서 낯선 상황을 여러 번 경험한다. 중고등학교 다닐 때 학년이 바뀌어 새로운 교실에 들어갈 때, 남자들의 경우 군대에 갔을 때다. 나는 훈련소에서 첫날 밤에 잠들었다가 다음 날 아침에 깨어나서 여기가 어딘가 하고 한참 헤맨 적이있다. 직장에서는 인사 이동으로 근무부서가 바뀌었을 때. 강제적으로 낯선 곳에 떨궈지면 적응하려고 바둥거리지만 선택사항이라면 굳이 낯선 곳으로 가서 고생을 사서 하려 하지 않을 것이다.

위의 말은 네트워크 마케팅으로 성공한 사업가 K씨가 한 말이다. K씨는 서울의 명문 대학을 졸업하고 대기업에 취업했다. 남들이 선망하는 대학, 직장에 입사했으니 남부러울 게 없을 경력이다. 그런데 K씨는 대기업에 취업한 지 1년 만에 남들이 부러워하는 직장을 걷어차고 스스로 백수가 되었다. 대다수 사람들이 직장에서 쫓겨날까 봐 몸 사리고 가능한 한 오랫동안 직장생활을 하기 위해 나름 열심히 하는 척 사는 데 비하면 실로 남다른 행동이 아닐 수 없다.

K씨가 직장에서 일찍 퇴직한 이유는 미래가 보이지 않아서였다.

'아, 이건 좀 아닌 것 같다.' 발령 후 일주일 만에 든 생각이었다고 한다.

'내가 하는 일이 기업 전체에서 어떤 의미인지도 알 수 없었다. … 내 자신을 다 쓰고 있지 않는 나를 발견했다. 시간만 보내고 있는 나를 발견했다. 일하는 게 아니라 일하는 척하는 게 힘들었다.'

'직장인은 베스트를 다하지 않아도 월급이 나온다. 월급을 기준으로 보면 베스트를 다하지 않는 것이 베스트다. 그 월급을 벌기 위해서 나를 여기에 놔두기에는 20대의 내가 너무 아까웠다. … 직장 선배들이 직장인의 뇌를 갖고 있다면 그들에게 둘러싸여 있는 나도 직장인의 뇌를 장착할 가능성이 높다. 그들은 미래의 내 모습이다. … 20년 후의 내 모습도 보았다.'

20대 청년의 통찰력이 놀랍다. 오랜 기간 월급쟁이 생활을 해온 나를 부끄럽게 하는 말들이다. 나는 대학 졸업 후 빨리 취업해서 가족의 생계를 책임지기 위해 급여가 많고 안정적인 직장에 들어온 것만으로도 감사하다고 생각하며 안주했었다. 매월 일정한 날에 찍히는 월급에 만족하고 어쩌다 예상하지 않았던 보너스가 나오면 환호하고 가끔 식구들에게 통 크게 한턱 쏘는 재미로 살았다. 그러나 비록 환경은 나와 다르고 나이도 한참 아래지만 자신의 위치에서 안주하지 않고 낯선 자리에 자신을 던진 K씨를 존경하지 않을 수 없다. 자신의 존재 이유에 대하여 고민하고 행동했기 때문이다. 이점이 나와 다른 점인 것 같다. 그리고 지금 어떻게 대다수의 직장인과 다른 삶을 살 수 있었는지 이유를 보여주고 있다. 네트워크 마케팅 사업으로 성공하지 않았더라도 남들과 다르게 살려고 시도했다는 것 자체가 존경스러울 뿐이다.

K씨는 퇴직 후 네트워크 마케팅 사업을 시작했다. 입사 후 일주일 만에 직장인 생활에 회의감을 느끼고 무슨 일을 할 것인가 찾다가 부모님이 하시던 네트워크 마케팅 사업을 공부하기 시작했다. 원래는 전혀 관

심이 없었고 비전도 없어 보여 쳐다도 안 봤는데 회사에 출근하는 것이 너무 싫어서 직장인 생활을 탈피하기 위한 수단으로서 어쩔 수 없이 선택한 것이었다.

입사 후 1년 만에 과감히 직장을 그만두고 네트워크 마케팅 사업에 뛰어들었다. 대개는 부업으로 시작을 하고 난 뒤 본업의 소득보다 많아질 때 전업으로 뛰어드는데 K씨는 사업의 초기 단계부터 전업 사업자로 시작했다. 지금도 그렇지만 당시에는 네트워크 마케팅 사업한다고 하면 다단계라고 편견을 갖고 대하는 사람이 많았다. 사실 네트워크 마케팅이란 단어도 쓰인 지 얼마 되지 않는다.

사업 초기 자신의 네트워크를 만들기까지 시간이 걸렸다. 지인들을 찾아가 사업 설명을 하면 대부분 잘 듣지 않았고 다시 만나려고 하지 않았다. 멀쩡한 직장을 그만두고 다단계 사업을 한다고 하니 주변 사람들 특히 동창생들에게 놀림도 받았다고 한다. 아마도 K씨가 사업자로 성공하기 전까진 대기업, 공기업에 다니거나 전문직에 종사하는 동창들이 우월감을 갖고 대했을 것이다.

그러나 시간은 K씨의 편이었다. 시작은 미미했지만 불과 3년 만에 네트워크 마케팅 사업에서 발생하는 수입이 웬만한 대기업의 차과장 수입과 비슷했고 사업 17년 차된 지금은 직장인들의 소득과는 비교가 안 될 만큼 엄청나게 벌고 있다.

그리고 한 가지 더 만족스러운 것은 회사에 출근하지 않아도 된다는 점이다. 돈과 시간으로부터의 자유를 누리며 살고 있다. 많은 사람들이 중도에 포기하는 현실 속에서 자신의 꿈을 이루기 위해 꾸준히 사업을 한 결과로 획득한 라이프 스타일인 것이다.

올해 40세인 B씨. 고향인 경상남도에서 서울로 유학 와서 아직 학생 때인 23세부터 네트워크 마케팅 사업을 시작했다. 원래 부모님이 먼저 그 사업을 하고 있었으나 본인은 관심이 없었다. 이유는 아줌마들 틈바구니에서 사업이란 걸 할 거 같아서였다. 본인 집에서 하는 사업 미팅 때 들어보면 교육 내용이 매일 똑같아서 오다가다 귀동냥으로 들은 것만으로도 다른 사람들에게 대충 전달할 수 있을 정도였다고 했다. 그래서 그 사업은 절대로 자기 일이 아니라고 생각했다.

군 생활하면서 생각이 조금 바뀌기 시작했다. 군 생활할 때 동료 병사 중에는 벌써 사업을 하다 온 사람이 있었고 내무반 내에서 A사 제품 하나쯤은 대부분 병사가 사용하고 있었다고 했다. 당시에 A사 네트워크 마케팅 사업자는 많지 않아도 A사 제품은 이미 많이 퍼져있음을 알게 되었다고 했다.

졸업 후 무엇을 할 것인가 정하지는 않았지만 그래도 취업에 도움될 것 같아서 전역 전까지 토익, 한자 공부를 열심히 했고 60권 정도의 책을 읽었다. 가만 있으면 불안하니까 뭐라도 해야 한다는 생각에서 남들 하는 대로 무작정 따라 했다. 그런데 제대 후 돌이켜보니 목적지도 없이 망

망대해에서 허우적거리는 것과 같다고 생각했다.

B씨는 제대 후 부모님이 하시는 A사 네크워크 마케팅 사업을 아르바이트로 시작했다. 만나는 사람들마다 빨리 공부나 하고 취업하라고 했다. 수모를 당하면서도 계속 사업을 진행하여 사업 시작 후 3년이 지났을 때 수입이 이미 웬만한 샐러리맨의 수입을 능가했다. 대학은 입학 후 10년 만에 졸업했고 졸업 당시 연 소득은 이미 수억 원 대가 되어 있었다.

B씨는 말한다. 대부분 사람들은 자기의 선입견으로 이 사업을 판단하고 자기 의견을 내더라는 것이다. 그러나 그들의 말은 의견이지 사실이 아니었다고 했다. 자기는 수입도 많고 재미가 있는데 근거 없이 불쌍하게 보는 이들이 많았다고 했다. 즉, 자신의 성공 비결은 사실과 의견 중에서 의견에 휘둘리지 않았다는 점이라고 했다.

S씨는 대구에 사는 49세 A사 네트워크 마케팅 사업자다. 가정형편이 좋지 않아 휴학과 복학을 번갈아 하며 대학을 졸업했다. 휴학 기간 동안 다음 학기 학비를 벌어야 했다. 26세에 PC방에서 아르바이트할 당시 PC방 사장으로부터 처음 네트워크 마케팅 사업을 소개받았다. 하지만 아무리 어렵더라도 다단계 사업은 아니지 않나하는 생각에 관심을 두지 않았다. PC방 주인은 3개월을 설득했다고 했다. 그래도 S씨가 계속 피하자 PC방 주인은 학교 도서관에 네트워크 마케팅 관련 도서가 있을 것이니 가서 보라고 권유를 받았다. S씨는 설마 도서관에 다단계 관련 책이

있을까 믿기지 않았지만 도서관에 가보니 관련 도서가 엄청 많았다고 했다. 그중에 몇 권을 읽고 네트워크 마케팅에 대해서 다시 보게 되었고 사업을 시작했다. 정작 자기에게 끈질기게 권유했던 PC방 주인은 몇 개월 후에 사업을 그만두었다.

20년 이상 사업을 진행하면서 우여곡절 끝에 성공한 S씨의 연 소득은 현재 3억 원 이상이라고 했다. 어릴 때 가난했지만 지금은 가난과 이별한 생활을 하고 있다. 죽을 때까지 연간 수억 원의 수입이 발생할 것이고 나중에는 자식에게 상속이 될 것이다.

07

/

지금 부의 흐름이 바뀌고 있다

코로나 팬데믹의 발생 원인에 대해서는 여러가지 설이 분분하다. 하지만 최초 발견 이후 지난 2년 동안 지금까지 한 번도 겪어보지 못한 혼란을 초래했다. 초기에 전세계적으로 마스크가 부족해서 마스크 구하느라 난리가 났었다. 길게 줄을 서서 제한된 수량만 사야 했고, 그다음엔 백신 구하느라 전세계가 떠들썩했다. 한국인들은 신혼여행 갔다가 비행기에서 내리자마자 수용소로 직행하는 일이 발생했고 중국에서는 도시 전체를 봉쇄하고 시민들이 집 밖에 나오지 못하게 하는 일도 있었다. 첨단 과학기술이 정신을 못 차릴 정도로 발전하는 시대에 이런 일이 발생할 거라고는 아무도 예상치 못한 일이었다.

　팬데믹 전까지 나는 미세먼지가 아무리 심해도 마스크를 쓰지 않았다. 숨쉬기가 어려워서 갑갑했기 때문이다. 그러나 지금은 마스크 쓰는 게 자연스러워졌다. 모든 사람이 마스크를 써야 하기 때문에 적응하지 않으면 안 되었기 때문이다. 그래서 요즘, 자신을 변화시키고 싶으면 변화하지 않으면 안되는 환경에 자신을 몰아넣어야 된다는 것을 다시 한 번 깨닫고 있는 중이다.

　2020년 1월 새로운 한 해를 맞이하며 새로운 목표들을 세웠었다. 그중 하나가 나도 남들처럼 골프공을 멀리 보내는 거였다. 싱글 골퍼가 되고 싶다는 마음보다 공을 시원시원하게 잘 날리고 싶은 욕망이 생겼다. 버킷리스트 중 하나였던 수영은 물에 빠져 죽지 않을 정도로 만들었다. 그 다음 목표로 삼은 것은 골프였다.

　그래서 큰맘 먹고 다시 개인 레슨을 받기로 했다. 티칭프로는 KLPGA 투어프로 출신에다 미국 LPGA PROFESSIONALS 출신이었다. 레슨비가 비쌌지만 이것으로 더이상의 레슨은 없다는 심정으로 프로와 상담을 마쳤다. 그런데 그때가 우리나라에 코로나가 막 퍼지던 때여서 마스크를 쓰고 공을 쳐야 된다고 했다. 나는 마스크 쓰면 운동을 못하니 코로나가 지나가면 시작하자고 했다. 그때만 해도 코로나가 2년 넘게 갈 줄 몰랐던 것이다.

다시 시작하기로 한 날이 2주 후였다. 2주 후에도 코로나가 가라앉지 않자 다시 한달 후로 연기했다. 나는 길게 잡아야 한 달이면 끝날 줄 알았다. 또다시 코로나 지나면 연락하기로 한 것이 결국 레슨 받기로 한 것은 없던 일이 돼버렸다.

코로나는 사무실 근무 행태도 변화시켰다. 먼저 교대로 재택근무를 했다. 그리고 사무실에서는 반드시 마스크를 착용하고 있어야 했다. 나는 잠시 커피를 마시기 위해 마스크를 턱에 걸쳤다가 민원이 생길 뻔했다. 아이들은 학교에 가지 않고 2년 동안 재택 수업으로 대체됐다.

그런데, 코로나로 인해 한 번도 겪어보지 못한 세상을 경험하는 동안 시대의 변화가 가속화 되고 있었다. 세계 미래 보고서 등 각종 미래를 예측하는 책에서 가장 두드러진 변화로 꼽은 것은 모든 산업에서 돈과 가치의 이동, 유형에서 무형으로의 가치 이동이었다. 코로나로 인해 가치의 이동이 가속화 됐다는 것이다.

돈과 가치가 어디서 어디로 가는지 알 수 있다면 우리도 어디로 가야 기회를 찾을 수 있는지 알게 될 것이다.

첫 번째로는 돈이 유형에서 무형으로 이동했다는 점을 꼽고 있다. 코로나가 만연할 때 우리는 영화관에 갈 수 없었다. 영화관 대신 집에서 넷플릭스나 디즈니 유튜브로 영화를 시청했다. 돈도 같이 움직였다. 물건을 구입할 때도 백화점, 마트 같은 오프라인 매장에 가기보다 쿠팡 같은 온라인 쇼핑몰에서 주로 하게 됐다. 돈이 점포에서 온라인 쇼핑으로 이동한 것이다.

두 번째는 화폐의 변화다. 실물화폐에서 가상화폐로의 이동이다. 아직 실물화폐가 대세이지만 점차 가상화폐로 중심이 이동 중이라는 것을 볼 수가 있다. 대표적인 것이 비트코인이다.

원래 화폐는 국가가 관리하는 것이다. 금융정책에 따라 통화량을 늘리거나 줄일 수 있다. 화폐의 가치는 국가 정책에 따라 변할 수 있는 것이다. 그래서 2008년 일본인 사토시 나카모토가 정부나 중앙은행의 개입 없이 개인 간 빠르고 안전한 거래가 가능하도록 화폐를 만든 것이 비트코인의 효시다. 정부가 원하면 화폐를 더 찍어 낼 수 있는 기성 화폐와 달리 최대 발행량이 한정이 돼 있어 국가에 의해 화폐 가치가 요동치는 것을 막을 수 있다.

2010년 비트코인의 첫 거래 당시 1비트코인의 교환가치는 4CENT였다. 아주 미미했던 가격이 2020년에는 200~300만 원까지 형성되었다가 한때 5,000만 원 이상 치솟을 때도 있었다. 그러나 투기성이 강해서 비트코인의 장래는 아직 확실하지 않다. 더욱 활성화가 될지 아예 없어질지 불투명하다. 그러나 현재의 모습은 초기와는 많이 바뀌어 있는 것이 확실하다. 사람들이 비트코인의 존재 자체를 모르다가 이제는 자산으로의 가치를 인식하거나 인정하기 시작한 것이다. 여기서 세상이 실물화폐에서 가상화폐로 넘어가고 있는 도중이라는 힌트를 얻을 수 있는 것이다.

세 번째는 메타버스이다. 이미 많이 유행하는 단어가 됐다. 현실을 초월한 세계를 말한다. 쉽게 말해서 현실과 가상이 구분이 안 가는 것이다. 메타버스를 활용한 분야로 공연을 들 수 있다. 코로나 팬데믹이 한창 유행할 때 BTS가 가상공간에서 공연할 당시 참여 인원이 1억 5천만 명이었다고 한다. 보통 STADIUM에서 공연할 때 최대 수용인원이 많아야 5~6만 명인 것과 비교하면 엄청나게 많은 인원이다. 사람이 많이 모이는 곳엔 당연히 돈이 모인다. 당시 나이키의 15초 광고료가 70억 원이었다고 한다.

위성을 통해 세계를 실시간으로 중계하는 채널 구글어스는 구글어스2를 출시하여 전세계 땅을 팔고 있다. 제정신인 사람이라면 메타버스 세상의 가상의 땅을 누가 사겠나 싶겠지만 이미 엄청 많이 팔렸다고 한다. 또한 거래가 계속 일어나면서 가격이 많이 올랐다고 한다. 가상의 땅을 사는 사람들은 앞으로 가치가 오를 것으로 기대하고 샀을 것이다. 이러한 현상 역시 유형에서 무형으로의 변화를 보여주는 것이다.

이렇게 돈, 가치가 이동한다는 것은 돈 버는 방법이 달라진다는 것이다. 이것은 같은 방법, 같은 장소에서는 변화하는 세상에서 더이상 살아남을 수 없다는 것을 의미한다. 곧 우리의 수입원과 경제활동에 전환이 필요하다는 의미다.

과거엔 돈을 버는 자는 물건이나 서비스를 생산하는 자이거나 유통하는 자 두부류였다. 직장인들은 생산자의 직원이었거나 유통업자의 직원으로 일한 사람이었다. 그런데 이제는 돈이 생산하는 자, 유통하는 자에서 연결하는 자로 이동하고 있다. 연결하는 자는 생산, 유통하는 자와 소비자를 연결하는 자이다. 대량생산 대량유통의 시대가 도래함에 따라 연결자가 필연적으로 나타났다.

대표적인 것이 카카오, 네이버, 쿠팡, 배달의 민족, 유튜브 등이 있다. 이 회사들은 엄청난 돈을 벌고 있다. 공장들은 어려워지고 문을 닫고 있고 점포에서 장사하고 있는 소매업자도 장사를 접고 폐업하는 일이 속출하고 있다. 그런데 이 연결하는 자들, 플랫폼(platform) 업자들은 떼돈을 벌고 있는 중이다.

얼마 전 카카오 김범수 회장이 한국 최고의 부자로 등극했다. 이것이야말로 유형에서 무형으로 부의 이동을 극명하게 보여주는 사건이다. 그동안 삼성전자가 생산자를 대표하는 기업이었지만 카카오 같은 플랫폼 기업이 따라 잡은 것이다.

전세계 시가총액 순위에서도 같은 현상을 볼 수 있다. 시가총액 10위 이내의 기업 중 애플, 마이크로소프트, 아마존, 구글, 페이스북, 알리바바, 텐센트 등 7개사가 연결하는 회사, 즉 플랫폼 기업이다. 역시 연결하는 회사 쪽으로 가치가 이동하고 있는 것을 볼 수 있다.

72초, 알리바바가 할인행사 광군제에서 매출 10억 위안을 달성하는 데 걸린 시간
10억 명, 페이스북 하루 이용자 수
8,000만 장, 인스타그램에 하루 올라오는 사진 수
100만 개, 에어비앤비에 등록된 객실의 수

이 수치들은 천문학적인 수익을 올리고 있는 세계의 트렌드를 보여주고 있다.

하지만 알리바바는 창고를 운영하지 않고 페이스북, 인스타그램은 콘텐츠를 생산하지 않으며, 수많은 객실 중 에어비앤비의 소유는 없다. 대신 그들은 플랫폼을 제공한다. 사람들은 플랫폼 안에서 소비하고 거래한다. 플랫폼이 지배하는 세상이 우리 삶 속으로 들어오고 있다. 4차 산업혁명 시대에는 플랫폼을 만들거나 활용하는 자가 주인공이 될 것이다. 그래서 우리는 플랫폼이 지배하는 세상을 준비해야 하는 것이다.

기존에 돈을 쓰기만 했던 소비자 중에서 가치의 변화가 일어났다. 연결하는 소비자 즉, 플랫폼 소비자가 탄생하였다. 네트워크 마케터, 블로

거, 유튜버, 틱톡, 페이스북에서 인플루언서로 활약하는 사람들이다. 이들은 돈을 쓰면서 버는 사람들이다. 가치가 유형에서 무형으로 이동했다는 것을 알고 생산과 유통이 주가 아니고 연결하는 것이 주가 된다는 것을 알고 이동한 것이다.

지금 노동의 가치는 점점 줄어들고 있다. 시간이 갈수록 AI나 로봇에 의해 대체될 것이다. 돈과 가치가 이동하는 곳으로 우리도 이동해야 생존할 수 있을 것이다.

4장

40대 후반,
제대로
은퇴 준비하는 법

01

/

자격증, 학위가 답이 아닐 수 있다

직장인들 중 자격증이 하나도 없는 사람들은 없을 것이다. 하다 못해 자동차 운전 면허증이라도 다 갖고 있다. 금융권 종사자들은 창구에서 금융 상품을 상담하고 판매하려면 반드시 따야 하는 자격증들이 있다. 요즘은 금융권에 취업하기 위해 미리 펀드, 보험, 파생 상품 등 관련 자격증을 미리 갖추고 취업하고 있고 회사에서는 그런 자격증 취득자를 선호하는 추세다. 하지만 그런 자격증 들은 업무엔 꼭 필요하지만 퇴직하면 별로 쓸데가 없다.

회사는 재직 중인 직원들에겐 공인중개사, 변호사, 법무사, 회계사, 세무사 같은 전문 자격증 취득을 장려하고 있고 자격증을 취득하면 교육비를 전액 보전해준다. 회사 입장에서는 직원들이 전문지식을 갖추면 상담의 질을 높일 수 있고 인력풀이 풍부해지는 이점이 있고 직원 개인의 입장에서도 퇴직 이후에 사용하여 개업이 가능하므로 윈윈인 것이다.

나는 퇴직 전까진 전문 자격증 같은 걸 미리 따놓아야겠다고 늘 마음에 품고 있었다. 하지만 생각만 할 뿐 구체적인 실행은 하지 않았다. 보통 퇴근 후 집에 들어오면 잠시 쉬다가 다음날 출근하려면 일찍 자야 한다며 잠자리에 들기 일쑤였고, 회식 있는 날이면 술 취해 들어와 빨리 자고, 저녁에 친구들과 약속 있으면 늦게까지 술 먹고 들어와 자는 생활이 다반사였다.

주말에 조금 여유 있을 때 각종 자격증에 대한 정보를 검색하면 만만한 자격증이 하나도 없었다. 특히 변호사, 세무사, 회계사 같은 자격증은 학생들이 대학 입시 공부처럼 해도 될까 말까 한 시험인데 2년 이상 다른 일 제쳐놓고 시험에만 집중할 자신이 없었다. 그리고 합격하고 난 다음에도 제대로 써먹을 수 있을지 의문이 들었다. 만약 개인사무실을 개업하거나 누구와 동업한다고 하면 해당 분야 업무를 해본 경험이 있고 경쟁력이 있어야 하는데 은행에 근무한 경력으로는 충족이 안 될 것 같아서였다.

나는 몇 해 전 부동산 거래로 세무 상담이 필요했었다. 지인의 소개로 세무사를 소개받았는데 국세청에서만 20년 이상 근무한 분이었다. 국세청에 근무하면서 경력을 쌓고 개업하였는데, 그분 하시는 말씀이 그 업계에서 일을 맡기 위해서는 다양한 경우를 처리해본 경험 외에 인맥이 중요하다고 했다. 인맥이란 선후배들과 현직에 있는 세무 공무원들을 말하는 것이다.

금융회사마다 고액자산가들이 이용하는 PB센터를 두고 있다. PB센터에서 세무공무원 출신들을 많이 채용한다. 세무 업무가 워낙 복잡하기 때문에 경험이 풍부한 사람을 선호하고 현직에 있는 공무원들에게 도움받기가 수월하기 때문일 것이다. 만약 내가 세무사 시험에 합격한다면 경쟁력이 있을까? 합격하기도 전에 회의감이 들었다. 세무사뿐 아니라 다른 자격증도 마찬가지로 자격증 취득 후가 더 걱정이 됐다. 괜히 헛돈 쓰고 시간만 낭비하게 되는 게 아닌가 하고 자꾸 기회비용이 생각났다.

은행에서는 임금 피크가 임박한 직원들을 대상으로 진로 설계 프로그램을 진행하고 의무적으로 참여시킨다. 나도 임금 피크 진입 1년 전에 프로그램에 참여했다. 수업을 들으면서 가장 절실히 느낀 점은 이런 프로그램은 퇴직 직전에 하는 것보다 최소한 5년 전부터 진행하는 게 좋을 것 같다는 생각이었다. 자격증 하나라도 갖고 나가려면 준비기간이 1년 이상일 텐데 너무 짧다는 생각이 들었다.

수업은 퇴직 이후 건강을 지키기 위해 필요한 운동에 관한 시간, 그리고 자기 적성에 맞는 직업은 무엇인지 찾아보는 시간으로 구성되었다.

창업을 안내하는 시간도 있었다. 커리큘럼상 창업 안내 시간이 있지만 수업 내용은 될 수 있으면 하지 말라는 내용이었다. 교재 내용이 주로 창업 실패사례로 채워져 있었다.

나를 비롯해서 다른 수강생들이 관심을 보인 것은 단연 자격증 안내 시간이었다. 완전히 은퇴하는 것이 아니라면 재취업을 위해서는 자격증 취득이 기본이라고 안내했기 때문이다. 하지만 자격증의 필요성을 매우 강조하는 강의를 들으면서 이런 교육을 더 젊었을 때 해야 한다는 생각이 들었다.

우리나라 자격증에는 국가자격, 민간자격, 국가 공인 민간 자격 크게 3가지가 있다. 그중 국가 자격은 국가기술자격과 국가전문자격으로 구성돼 있다. 자격증 종류는 1만 4천 가지가 넘는다고 한다.

'자격증 많으면 취업에 도움? 빗나간 열풍'
'우후죽순 자격증 일자리 구하는 티켓 아니다'
'불법 자격증 발급, 응시료만 9억 원 넘게 챙겨'

신문에 나왔던 기사 제목들이다. 우리나라 자격증의 문제점을 단적으로 나타내준다. 주로 민간자격증 중에 유망자격증이라느니, 취업률 99.9% 보장 같은 문구로 구직자들을 현혹 시킨다. 응시료, 수강료, 교재비 등 잇속만 챙기는 자격증이 많다. 심지어 바리스타 자격증은 29개 기관에서 자격증을 발급하기도 한다.

국가자격증이나 국가 공인 민간 자격증도 자격증이 취업을 보장하지 못하기는 마찬가지이고 자격증 취득 이후 더 치열한 경쟁이 기다리고 있다. 한마디로 들인 정성에 비하면 보상이 신통치 않은 경우가 많다는 것이다.

주변 지인 중에 50대 전업주부 한 분은 아이들이 교육을 마치자 공부를 시작해서 직업○○사 자격증을 취득하였다. 주로 인터넷을 통해 여러 가지 자격증을 찾아본 후 직업○○사에 도전해보기로 했다. 자격증을 따면 좋은 점만 부풀린 과장 광고도 봤을 것이다. 아무튼 본인 적성에 맞고 취업하기도 쉬울 것 같아서 1년 넘게 공부하고 자격증을 취득했다.

자격증 취득 후 상담 기관에 취업이 됐는데 본인이 기대했던 것과 딴판이었다. 같이 일하는 동료들과 나이 차가 많이 나서 같이 어울리기가 어려웠고 직원을 관리한다는 사람도 본인보다 나이가 어린데 대하는 태도가 호의적이지 않았다. 직원들과 같이 일을 못 하겠으면 나오려면 나오고 안 나와도 된다고 노골적으로 말했다. 결국은 적응을 못 하고 스스로 그만두었다.

내가 자격증에 흥미를 잃어버린 이유 중 하나는 쏠림 현상이다. 나는 지인으로부터 유망자격증 중 하나라며 손해○○사에 도전해볼 것을 권유받았다. 손해○○사는 태풍이나 홍수 등 자연재해로 피해를 입은 농어민의 손실보전을 위해 손해 금액을 평가하는 일이다. 보상대상은 미리 피해를 대비해 보험에 가입한 농어민들이다. 손해○○사의 장점은 보수가 일한 날짜에 일당 금액을 곱한 금액으로 수입이 꽤 괜찮고 일하는 지역과 날짜는 본인이 선택할 수 있다는 것이다.

그리고 아직 자격증 소지자가 적어 수요는 많은데 공급이 달려서 당분간 선발인원을 대폭 늘린다는 발표가 있었고 그래서 시험이 더 어려워지기 전에 합격해 놓으려는 사람들이 몰리고 있다.

나는 내가 비교적 빨리 정보를 취득한 줄 알았다. 하지만 요즘은 모든 정보가 인터넷, 유튜브, SNS에 실시간으로 공유되다 보니 더 이상 일부만 아는 비밀이 아니었다. 유튜브에는 시험에 대한 정보, 공부 방법, 시험 대비 강의 동영상까지 띄우는 사람들로 넘쳐났다. 그만큼 시험을 준비하는 사람이 많아졌다는 방증이기도 하다. 무슨 무슨 자격증이 좋다더라 하면 금세 사람들이 몰리고 그만큼 경쟁률이 높아진다. 쏠림현상이 일어나면 곧 희소가치도 없어진다.

나는 10여 년 전 부동산 관련 분야에서 일을 하고 싶어서 부동산 대학원에 다닌 적이 있다. 은행에서 경매 관련 업무를 3년 했었고 신규점포를 개설할 때 상가주인과 임대차계약서를 작성하고 자금 정산하는 업무도 했었다. 임대차계약 만기가 도래하면 재계약 협상도 했다. 그래서 부동산 분야에 나름대로 경력이 있다고 생각되어서 그쪽 공부를 더 해보고자 부동산대학원에 지원해서 합격했다.

학교 측에서는 학생을 선발할 때 직업의 다양성을 추구한다고 했다. 그래서 학생들 직업은 변호사, 회계사, 세무사, 감정평가사 등 전문 자격증 소지자들이 많았지만 기자, 국회의원 보좌관, 보석디자이너, 회사원, 금융회사직원, 학생 등 다양했다.

입학 후 첫 학기 수업을 들으면서 나의 판단 미스라는 생각이 들었다. 아니 무지했다고 하는 편이 맞다. 야간대학원 특히 부동산 대학원은 공부를 하러 다니는 곳이 아니었다. 주요 목적은 인맥인 것이다. 툭 까놓고 말하면 현재 자기가 일하는 곳에서 조금이라도 인맥의 덕을 보고자 대학원에 입학하는 경우가 많았다. 그러다 보니 같은 나이, 같은 고향, 같은 직업 등 어떻게든 서로 많이 엮이기 위해 전공학과와 별개로 각종 동아리, 포럼들을 만들어서 따로 모였다.

학교 수업은 보통 1, 2교시까지였으나 사람들은 보통 3교시 수업이라고 해서 모임을 더 중요시했다. 학교 수업만 마치고 집에 가려고 하면 우리가 공부하러 대학원에 왔냐면서 모임에 끌고 갔다. 모임에 가면 술을 많이 마시게 되고 분위기도 즐거웠으나 점점 회의가 들었다.

그리고 일반적으로 다 그렇진 않겠으나 은행원은 별로 환영받는 직업은 아니었다. 전문직 종사자들에 비하면 사람들의 주목을 받지 못하고 같은 과에서도 은행원 출신이 여러 명 있어서 희소가치마저 없었다. 결론적으로 나에게는 별로 메리트가 없어 보여서 한 학기 마치고 휴학을 했다.

자격증, 학위 따놓아서 나쁠 건 없다. 그러나 나에게는 그 전에 해야할 일이 생겼다. 자격증, 학위는 필요할 때 따더라도 먼저 책을 집필 후에 하기로 했다. 본인 저서 한 권은 의미가 다르다. 학위보다 더 가치를 인정받고 자기를 어필하는 데 더 유효하기 때문이다. 책 집필 이후에는 1인 브랜딩을 하는 데 도움도 줄 수 있다.

02

/

나는 누구인가에 대한 답을 찾아라

정년퇴직을 몇 년 앞둔 나의 모습은 30년 전 직장 생활을 시작할 당시 상상했던 나의 모습과 상당한 괴리가 있다. 그동안 어느 집단에 있든지 나의 위치는 최상위는 아니더라도 대부분 상위권에 속해 있다고 여겼다. 내 자리가 아닌 곳에 이탈했다고 자각하면 반짝 노력해서 내 자리에 다시 돌려놓는 행태를 보여왔다.

그런데 승진이 누락 되는 일이 계속되자 '어? 여기는 내가 있을 곳이 아닌데? 내 자리가 아닌데? 의문을 던지며 내가 이렇게 허접한 사람이었나? 이게 본래 나의 위치였나?' 문득문득 스스로에게 질문을 해댔다. 조직에서 사고만 안 치면 순서대로 승진하고 지점장까지는 승진하고 퇴직할 줄 알았다. 나는 크게 사고 친 일도 없었는데 왜 이렇게 됐지? 하면서 지난 일들을 복기했다. 어느 순간부터인가 은행에서 친하게 지냈던 사람 외에는 마주치기가 부담스러워졌다.

길거리를 걷다 보면 아, 그때 그런 일이 있었지 하며 과거에 있었던 일들이 생각날 때가 있다. 주로 후회되는 일이 떠오르는데 나름대로 분석해본 결과 직장생활에서 실패한 이유 몇 가지로 정리가 됐다.

첫째, 자기관리 실패다. 10여 년 전 아직 승진에 대한 기대가 살아 있을 때 평소 친하게 지내지 않았지만 우연한 기회로 같은 부서 후배와 술한 잔 나눌 기회가 있었다. 원래 소규모 단위 회식을 하기로 했는데 갑자기 일이 생겨 참석지 못한 사람들을 빼고 나니 두 사람만 남게 되었다. 그 자리에서 그 후배는 나의 모든 문제는 똥배에 있는 거 같다고 조심스럽게 얘기했다. 나는 학생 때부터 통통한 편으로 마른 체형은 아니었는데 직장에 들어와 술을 자주 마시게 되고 술을 안 마시는 날에는 퇴근 후 늦은 시간에 과식을 하다 보니 배가 나와 있었다. 부인할 수 없었지만 후배의 충고를 들었을 때 나보다 한참 어린 놈이 주제넘게 지적을 한다고 불쾌했었다. 내가 아무리 승진을 못 하고 헤맨다지만 너에게 이런 충고를 들을 정도는 아니라고 속으로 생각했다. 그 친구도 조심스럽게 얘기했기 때문에 화를 내거나 싫은 기색은 내지 않았다.

요즘 되돌아보면 그 친구의 말이 틀린 말이 아니었다. 아직도 배가 나온 편인데 배가 나오면 사람이 게을러지고 몸 쓰는 일을 귀찮아 하게 된다. 몸 쓰기를 귀찮아하면 배는 더 나온다. 이렇게 악순환이 반복된다. 그동안 한약 다이어트로 보름 만에 15킬로그램 이상 뺀 적도 있었지만 몇 개월 후에 다시 원위치로 돌아가는 일이 세 번이나 있었다. 연초에 결심했던 일들이 결실을 못 보게 된 근본 원인은 배불뚝이라고 결론을 내리게 된다.

둘째, 표정 관리 실패다. 나는 내 인상이 나쁘지 않다고 생각해왔다. 그런데 그건 내 생각일 뿐 제3자는 그렇게 보지 않을 수 있다는 것을 알게 되었다.

네트워크 마케팅 회사 A사의 Top leader 격인 분을 종종 식사 자리에서 만날 기회가 있었다. 그런데 몇 번 만나서 안면이 익게 되고 나니 어느 날은 농담 반 진담 반으로 나에게 좋은 인상은 아니라고 얘기해줬다. 처음엔 기가 막혀서 웃음이 나왔다. 지금까지 살면서 인상이 안 좋다는 말은 처음 들었기 때문이다. 좀 불쾌했지만 그냥 웃어넘겼다.

그 말을 들은 후 내 사진들을 다시 쳐다보게 되었다. 웃는 사진은 거의 없었다. 사진 찍는 사람이 웃으라고 해서 나는 크게 웃는다고 생각하는데 막상 사진을 보면 웃는 얼굴이 아니고 입꼬리가 밑으로 쳐져 있다. 내 스스로 웃는다고 생각하는 것보다 한참 오버해서 웃어야 사진상에 웃는 표정이 나왔다. 나의 무표정한 얼굴에서 권위적이라는 오해를 불러 일으킬 수 있었겠다는 생각이 들었다. 내가 아무리 아니라고 해도 제3자에게 그렇게 보인다면 결과적으로 나만 손해인 것이다.

유명한 심리테스트가 있다. 미인인 여성의 무표정한 얼굴과 미인은 아니지만 웃는 얼굴의 여성 중 누구와 데이트 하고 싶냐고 남성들에게 물으면 80% 이상이 평범하지만 웃는 얼굴의 여성을 택한다는 것이다.

지난날을 돌아보며 내가 표정 관리만 잘했어도 달라졌을 수도 있었겠다는 생각이 들었다. 억지로라도 항상 웃는 얼굴로 대면했으면 상사와의 트러블, 고객의 민원을 피했을 수도 있었겠다는 생각이 들었다. 더 나아가서는 직장생활에 실패를 안 했을 수도 있었겠다는 생각이 들었다.

셋째, 타이밍의 실패다. 나보다 1년 먼저 퇴직한 입행 동기가 퇴직하기 직전 나에 대해서 얘기해준 게 있다. 다른 사람들로부터 나에 대해서 얘기를 들은 모양이었다. 나는 화를 내야 할 때 바로 표현을 안 하고 참고 참다가 크게 화를 낸다는 것이다. 그래서 갑작스럽게 나의 분노 폭발에 당한 사람은 상처를 입는 경우가 종종 있었다고 했다. 마음에 안 드는 일이 있으면 감정이 깊어지기 전에 표현해야 했는데 갈등이 곪을 대로 곪은 상태에서 폭발하듯 표현하니 타이밍에 문제가 있는 것이다. 그것도 내 결함이었다. 끝까지 참지 않은 내 잘못이다.

넷째, 추진력 부족이다. 머릿속에는 계획이 많았다. 젊었을 때부터 대학원 학위, 자격증 취득, 부업 활동 등 계획은 세웠으나 막상 실천에 옮기려고 하면 자꾸 부정적인 생각이 들었다. 해보지도 않고 미리 중도 포기했고 해봤자 별 도움이 안 될 것이라고 미리 예단하며 아예 시작도 안 한 경우가 많았다. 지금 뒤돌아 보면 모든 것이 내 탓이다.

나는 은행에서 직장생활하기 전까진 비교적 평범한 길을 걸었다고 할 수 있다. 그러나 입행 후 30년간의 직장생활은 평범하지 않았다. 대부분 사람들은 제때 승진하거나 제때 승진하지 못해도 웬만하면 언젠가는 차과장보다는 위의 직급으로 승진하는데 나는 누구나 가는 그 코스도 밟지 못하고 정년퇴직하게 생겼으니 평범하다고 할 수 없을 것이다. 이미 남과 다른 인생 스토리를 써 내려가고 있는데 지금까진 타의에 의해서 그런 것이었다면 이제부턴 나의 의지로 나만의 독특한 인생 스토리를 만들어가려고 한다.

먼저, 지금까지의 실패 원인이라고 자가 판단한 사항을 항상 염두에 둘 것이다. 당장 체지방을 4~5킬로그램 줄일 것이다. 그리고 항상 웃는 연습을 하고 있다. 아직도 조금만 긴장을 늦추면 원래의 얼굴 표정으로 돌아간다. 타인의 기준으로 어색하지 않은 자연스럽게 웃는 표정이 나오도록 거울을 보고 있다. 그리고 사소한 일이라도 의도적으로 끝장을 보는 습관을 들이고 있다. 작은 일이라도 finish up 할 때마다 소소한 희열을 느끼고 있다.

내가 그리고 있는 나의 모습은 항상 세상 구석구석을 걷고 있는 모습이다. 아직 먼 얘기지만 궁극의 모습은 homo-viator이다. 더 나아가 돌아다니면서 기록을 남기는 일. 생각만 해도 짜릿한 일이다. 그러나 우선 발등의 불부터 꺼야 한다. 3년 후면 더 이상 근로소득이 발생하지 않는다. 충분한 노후 자금을 만들기 위해 될 수 있는 대로 다양한 소득 파이프라인을 만들어 놓는 것이 필수다. 재취업이 가능하다면 마다하지 않을 것이다. 먼저 퇴직한 사람들 중 재취업에 성공한 사람들은 거의가 인맥을 통한 재취업이다. 가능성은 많지 않지만 재취업 기회가 생기면 마다할 이유가 없다.

나는 네트워크 마케팅 사업을 나에게 남겨진 기회라고 생각하고 있다. 젊을 때 잠깐 알아보다가 그만두었지만 20년이 지난 지금도 아직 기회가 남아있다. 왜냐하면 대다수 사람들은 다단계라고 편견을 가지고 제대로 알아보려고 하지 않기 때문이다. 대개 직장에서 조금 지위가 높았던 사람들은 이 사업에 대해서 알아보는 것을 꺼려한다. 남의 이목이 두렵기 때문이다. 그리고 중도에 그만두는 사람도 많다. 그런 사람들이 많아서 아직 기회가 남아 있는 것이다.

그런데 그 사업을 하는 사람들은 상상 외로 스펙이 좋은 사람들이 많다. 서울대 법대 출신 변호사, 의사, 약사, 카이스트 출신 펀드 매니저 등 전문직 종사자들이 이미 이 사업을 많이 병행하고 있다. 조직 생활 경험자보다 오히려 고소득 전문직 종사자들이 깨어 있는 경우가 많은 것이다. 그들은 굳이 네트워크 마케팅 사업을 하지 않아도 먹고사는 데는 지장이 없는 사람들이다. 그럼에도 불구하고 네트워크 마케팅 사업을 하는 이유는 노동 수입에 한계가 있다는 것을 일찍 깨달은 것이다. 자기의 시간과 맞바꾸지 않아도 소득이 발생하는 구조를 만들고 싶기 때문이다.

돈이 많아도 시간이 없으면 행복할 수가 없다. 누구나 꿈꾸는 돈과 시간으로부터의 자유, 이것이 모든 사람의 로망인데 그것을 가능하게 하는 도구로서 네트워크 마케팅 사업이 괜찮기 때문이다.

나의 또 다른 소득원으로 글을 통한 인세 수입까지 생각한다. 네트워크 마케팅에 의한 소득이든 작가의 소득이든 처음에는 작게 시작한다. 일단 발을 내딛으면 시간은 나의 편이 된다. 처음부터 고소득을 보장하는 일은 100% 사기다. 남에게 피해를 주지 않고 운에 기대지 않고 오로지 자기 노력으로만 성공할 수 있는 일을 해야 할 것이다.

/

은퇴 준비를 계획하라

직장인들의 로망은 매일 출근해야 먹고사는 상태에서 벗어나는 것이다. 퇴직은 내가 다니고 있는 회사에서 나오는 것이고 은퇴란 기본 의식주 문제가 해결되어 벌이 활동을 하지 않아도 되는 상태이다. 그래서 조기 은퇴란 말이 성립되는 것이다. 젊은 나이에도 경제활동을 하지 않아도 생계에 지장이 없는 상태. 이른바 FIRE족이다.

최근 우리나라에서도 트렌드로 떠오른 FIRE족의 사전적 의미는 Financial Independence, Retire Early, 즉 경제적 자유, 조기 은퇴이다. 결국 FIRE란 '경제적 자유'란 뜻이다.

FIRE족은 2008년 서브 프라임 모기지 사태로 촉발된 글로벌 금융 위기를 겪은 미국의 고학력 고소득 젊은이들 사이에서 유행하며 확산되었다고 한다. 이들은 조기 은퇴를 위해 절약을 실천하고 투자와 저축으로 빠르게 노후 자금을 마련하여 일반적인 은퇴자들보다 이른 나이에 자기 자신에게 집중하는 여유로운 삶을 살려고 시작한다.

미국 FIRE족들은 목표금액을 10억 이상으로 하고, 월 소득의 20~30%만 지출하고 나머지는 저축하거나 인덱스 펀드에 투자를 통해 조기 은퇴를 했다.

우리나라에도 FIRE족의 삶을 추구하는 것이 MZ세대의 트렌드로 떠오른 지 오래다. 최근 발간된 강환국 저 『파이어(FIRE)』에 따르면 FIRE족에도 조건이 있다.

첫째, 나이가 40세 이하여야 한다. 우리나라 기업의 구조조정대상 나이가 40대 중후반이므로 40세가 넘어가면 조기 은퇴라고 할 수 없다.

둘째, 순자산이 20억 이상이다. 저자가 강연할 때 수강생들에게 '경제적 자유'의 기준을 물으면 20억 원 이상이라는 답이 가장 많았다고 한다.

FIRE를 달성한 이들의 공통점은 첫째, 지출을 적게 했다는 점이다. 수억, 수십억 단위 부자들은 대다수가 3~4인 가족 기준 월 지출액이 200만 원 미만이었고 그렇게 지출하고도 별 부족함을 못 느꼈다.

두 번째 공통점은 모두 투자를 했다는 점이다. 그냥 아끼기만 해서 20억 원 이상 모은 경우는 하나도 없고 무조건 어디엔가 투자를 했다는 점이다.

FIRE족을 목표로 하는 MZ세대(1980~2000년대 초반에 출생한 사람들)들은 수입을 늘리기 위한 방법으로 본업 외 투잡 쓰리잡을 마다하지 않는다. 직장인들의 23%가 N잡러이고 85%는 N잡에 적극적인 관심을 보이고 있다. 가장 많이 하는 부업으로는 유튜브, 인스타그램, 블로그 같은 소셜 크리에이터(20%), 탈잉, 크몽 같은 재능 마켓 플랫폼(17%), 배민 커넥트, 쿠팡 플렉스 같은 배달업(17%) 였다. 하지만 이들이 부업을 통해 얻는 수입은 10만~40만 원이 29%, 40만~70만 원이 21%로 생활비에 보탬이 되는 정도로 많다고 할 수 없는 금액이다.

따라서 부업만으로는 FIRE족이 될 수 없다. 어딘가에 투자를 해야 한다는 것을 보여주고 있다.

『FIRE』에서 FIRE를 성취한 사람들의 세 번째 공통점은 모두 자기 자신을 잘 안다는 점이다. 그래서 본인이 어떤 걸 잘할 수 있는지, 어떤 걸 포기할 수 있는지를 알고 거기에 맞춰서 투자를 한다. 그리고 자신을 잘 아니까 불필요한 낭비를 줄일 수 있고 잘 맞는 직업을 택해 수입을 높이기도 한다. 자기 자신을 안다는 것, 이것이 모든 FIRE 부자들이 입을 모아서 강조하는 중요한 포인트다.

MZ세대들이 FIRE족이 되려고 하는 주요 이유는 노후 빈곤을 피하고 직장에 귀속되는 삶에 대한 불안감 때문이다.

최근 1년 동안 퇴직자들을 조사한 결과 퇴직자 중 49%는 근무 기간 1년 미만의 신입직원이었다. 주요 퇴직 사유는 이직을 위해 41.7%, 업무 부담 31.2%, 연봉 불만 24.3%, 복리후생 12.2%, 워라밸 12.1%, 기업문화 부적응 10.5%였다. 요즘 젊은이들이 취업이 안 돼 사회 문제로 대두되고 있는데 어렵게 취업이 되어도 회사가 자신들의 욕구를 충족시켜주지 않으면 아무리 좋은 회사라도 걷어차고 나온다. 이 중 60%는 대책도 없이 나오는 것으로 조사 결과에 나와 있다. 기본적으로 이들은 자기의 삶이 조직에 귀속되는 것을 싫어한다.

『FIRE』 본문에 이런 구절이 있다. "샐러리맨을 하면서 최고, 즉 임원이 될지 아니면 꼭 필요한 일만 하고 정시에 퇴근해서 투자나 부업의 길로 갈지 그 기로를 빨리 정해야 합니다. 두 길 중 하나를 선택하지 않고 어정쩡하게 회사를 다니는 것이 최악이라고 봅니다."

FIRE를 달성한 사람으로서 화끈하게 속내를 표현했는데 그 말이 정답

일 수도 있다.

우리 세대만 하더라도 직장생활을 하다가 퇴직하는 사람들을 보면 참 용기가 대단한 사람이라고 했다. 아니면 뭔가 믿을 만한 뒷배가 있을 거라고 여겼다. 왜냐하면 조직을 벗어나서 성공한 케이스가 드물었기 때문이다. 하지만 지금은 다르다. 계획을 잘 세우고 실행하면 직장생활에 안주하며 월급의 노예로 살지 않을 수 있는 방법이 다양하게 열려 있다. 나도 방법을 배울 기회가 있었는데 쉽게 간과한 것을 후회하고 있다.

나는 이미 FIRE족이라고 불릴 수 없는 나이다. 하지만 그들이 추구하는 조기은퇴, 경제적 자유라는 콘셉트는 늦더라도 누구나 가야 할 바람직한 방향이다. 그렇다면 나와 같이 40대를 훌쩍 넘긴 사람들이 아직 경제적 자유를 얻지 못한 경우 무엇을 해야 하는가

나는 도서관이나 서점에서 자기계발에 관한 책을 수십 권 읽었다. 그중에서 최근에는 은퇴 후 어떻게 살 것인가, 엄밀히 말하면 은퇴가 아니라 다니던 직장에서 퇴직 후 어떻게 살 것인가에 관한 힌트를 얻고자 책들을 많이 찾아보게 되었다. 저자들은 대학교수, 강연가, 기업체 임원으로 퇴직한 사람, 박사 학위 소지자 등 모두 스펙이 화려하고 경륜이 많은 분들이었다.

대부분 내용이 퇴직 이후 기죽지 말아라, 용기를 가져라, 가족과 화목해라 등 정신 무장을 주문하는 내용이었다. 퇴직 후라도 아직 살아갈 날이 많이 남았는데 무슨 일을 해야 유망할지 알려주는 책은 없었다. 등이 가려운데 가려운 곳을 시원하게 긁어주지 못해서 많이 아쉬웠다. 사실 전달 매체가 책이기 때문에 유튜브처럼 직설적으로 알려주지 못하는 한계가 있을 수도 있다.

경제적 자유는 은퇴 준비의 전부라고 할 수 있다. 내가 개인적으로 일면식이라도 있는 사람 중에 경제적 자유를 얻은 사람들은 세 가지 부류다. 갭투자로 아파트 수백 채를 보유한 부동산 부자, 네트워크 마케팅 사업으로 성공한 사업자들, SNS 사업자 등이다.

전통적인 방법으로 부자가 된 경우는 부동산 부자뿐이다. 세상일은 참 알 수가 없다. 이 사람은 아파트 수백 채를 갭투자로 보유했다가 4~5년 전 역전세 현상으로 파산 직전까지 갔었다. 최근에는 다시 아파트 값이 치솟아 두배 가까이 뛰면서 다시 거부가 되었다. 나도 한때 따라 했다가 엄청 고생했다. 별로 권하고 싶지 않다.

기회는 사람들이 외면하는 곳, 하기 싫어하는 곳에 있다고 생각한다. 남의 글을 읽는 소비자에서 글을 쓰는 생산자가 되거나, 진입 장벽도 낮고 왠지 남에게 아쉬운 소리를 해야 할 것 같은 네트워크 마케팅 사업에 기회가 있는 것이다. 아직 벌이가 있을 때 시작하는 것이 바람직하다.

지금까지 내 삶의 패턴은 FIRE족보다는 YOLO(You Only Live Once)족에 가까웠다고 할 수 있다. 한번 뿐인 인생 현재, 지금 이 순간을 행복하게 살자였다. 낭비하면서 살진 않았지만 소소한 즐거움을 위해서 돈을 아끼지 않고 살아왔다. 여기저기 기부금도 꽤 많이 냈고 형제들과 식사할 때 밥값 계산하는 돈을 아끼지 않았다.

나는 삼풍백화점 붕괴 사고, 대구 지하철 화재 사고, 세월호 사고 같은 대형 사고를 보면서 저 사람들은 죽기 전 날에 다음 날 자기가 죽을 걸 예상했을까? 나도 저 현장에서 죽었을 수도 있었겠다는 끔찍한 상상을 하곤 했다. 누구에게나 갑자기 사고가 닥칠 수 있고 가족, 친인척이 사고로 불의에 사망할 수 있기 때문에 항상 죽음을 맞이할 마음의 준비를 해야 된다. 그러나 요즘엔 죽을 때 죽더라도 FIRE족으로 살다가 죽었으면 좋겠다는 생각을 하게 된다. 풍족하고 여유로운 은퇴 생활을 달성하지 못하고 죽어도 좋으니 한번 시도라도 해보자고 다짐한다.

04

/

가치 있는 일을 찾아라

나는 어릴 때부터 아버지가 직장이 있다 없다를 반복하셨기 때문에 늘 불안했다. 내가 취업해서 매달 월급이 나올 때까지는 생계를 걱정해야 했다. 그러나 당장 먹고 사는 문제를 해결하고 나서도 생각 없이 사는 모습은 최근까지도 여전했다. 미래를 생각하기 보다는 닥친 일에 매몰된 생활을 해왔다. '생각대로 살지 않으면 사는 대로 생각한다.'란 말이 있다. 딱 내 얘기였다.

아내가 암으로 수술을 받기 전까진 가치 있는 일이 무엇인가 따위는 거의 생각도 하지 않고 살아왔다. 그 일을 겪고 나서는 사람은 왜 태어나며 어디로부터 와서 어디로 가는가와 같은 실존적 질문을 자주 하게 됐다. 그리고 얼마 안 있으면 나도 퇴직을 하고 초로의 나이에 접어들 텐데 좀 더 의미 있게 삶을 살려면 어떻게 남은 생을 살아갈 것인가 생각하기 시작했다. 생각 좀 하며 살자로 바뀐 것이다.

순복음교회 목사였던 조용기 목사는 설교할 때마다 인용하는 성경 구절이 있었다.

"바람이 임의로 불매 네가 그 소리를 들어도 어디서 오며 어디로 가는지 알지 못하나니"

우리의 생이 그렇다는 말씀을 하려는 것이었다. 우리는 자기 자신이 어디로부터 왔는지 죽은 후에 어디로 가는지 모른다. 그러나 나같이 교회를 다니고 성경을 믿는 사람들은 성경에 쓰여진 대로 믿는다. 믿음은 내 의지대로 믿어야겠다고 결심해서 생기는 것이 아니다. 믿어지는 것이다. 나의 믿음도 바람과 같아서 어디로부터 왔는지 그 시점이 언제인지 정확히 모른다. 성경은 처음부터 기록으로 전수된 것이 아니다. 구전으로 이어오다가 나중에 문자로 기록된 것이다. 따라서 믿음은 들음에서 온다고 써 있다.

나에겐 아직 세상에서 부를 이루고 싶은 마음이 있고 출세욕, 명예욕도 남아 있다. 내가 승려가 아니고 수도승이 아닌 이상 세상일과 전혀 무관하게 살 수 없으니 당연한 일일 것이다. 하지만 나에겐 이 세상이 전부가 아니라는 믿음이 있다. 이 믿음은 우리가 누려야 할 권리이다. 다만 알고서 누리느냐 모르고 권리를 누리지 못하느냐의 차이다.

법조계에서 많이 쓰는 말 중에 '권리 위에 잠자는 자는 아무도 보호해주지 않는다.'라는 말이 있다. 그런데 믿지 못해서 권리를 팽개치는 사람도 있다. 신화 같은 얘기다, 말이 안 된다, 증거를 대라며 본인이 굉장히 합리적이고 이성적이라고 믿고 있다.

이런 일화가 있다. 19세기 말 영국의 가난한 청년이 있었다. 그는 가난에서 벗어나고자 미국에 가기로 결심했다. 미국으로 가려면 배를 타야 했는데 워낙 가난하다 보니 뱃삯을 벌기 위해 몇 개월을 일해야 했다. 천신만고 끝에 뱃삯을 마련해서 배에 올랐다. 한 달 이상 배에서 끼니를 해결하기 위해 딱딱한 빵을 준비해서 배의 제일 밑바닥에 숨어 있듯이 지냈다. 식사 때마다 남들은 배불리 먹고 흥청망청 마시는데 청년은 한쪽 구석 눈에 안 띄는 데서 허접한 식사로 배를 채웠다. 목적지에 거의 다다랐을 때 사람들과 안면을 익히고 대화를 나눌 정도가 됐는데 이 청년은 식사시간만 되면 슬그머니 사라져서 식사를 하고 돌아왔다. 사람들이 청년에게 물었다. 식사 때만 되면 어디 가서 먹고 오냐고. 청년은 사실대로 얘기해줬다. 그러자 주변 승객들이 그 청년에게 소리쳤다. "바보야, 뱃삯은 식대 포함이야."

청년은 권리 위에 잠자는 경우에 해당된다.

나는 누가 알아주지 않아도 묵묵히 남을 돕는 사람들이야말로 가치 있는 일을 하는 사람이라고 생각한다. 내가 다니는 교회에는 경조부라는 부서가 있다. 여기에 소속된 분들은 교인이 상을 당하면 장례 절차에 적극 참여해서 도움을 준다. 보통 20명 이상의 분들이 장례식장에서 예배에 참석하고 장지까지 동행한다.

또 어떤 분들은 아이티 지진, 동남아시아 쓰나미, 일본의 쓰나미와 지진 사태 등 해외에서 큰 재난이 발생하면 교인 중에서 자원봉사자를 모집하여 구호활동하러 떠난다. 이분들은 모두 무보수로 봉사하는 것이다. 물론 생계에 지장이 있으면 가지 않을 것이다. 그것은 별로 바람직하지 않을 것이다. 그래서 더더욱 존경스럽다. 나 같으면 한달 넘게 해외 봉사활동하러 떠나도 생계에 지장이 없으면 남을 돕기보다는 여행을 다니려고 했을 것이다. 이분들은 명예를 얻기 위해서 칭찬을 듣기 위해 봉사활동을 하지 않는다. 남을 돕는 일이 기쁘기 때문에 하는 것이다.

최근까지 직장 내에서 연간 봉사활동 시간을 채워야 할 때가 있었다. 채우지 못할 경우 직원에게 직접적으로 인사상 불이익은 없으나 평가 시 반영되는 구조였다. 시간을 채우는 게 주목적이다 보니 가급적 쉬운 일을 찾아다녔다. 주로 주말에 시간을 내야 하기 때문에 직원들이 좋아할 리가 없었다. 아이들 학교에서도 이런 식으로 연간 봉사활동 시간을 채우게 하고 있었다. 우리 아이들도 하기 싫은 걸 억지로 하고 있었다. 어른들도 그런데 아이들은 오죽할까란 생각이 들었다. 그래서 교회에서 봉사하는 분들이 더욱 존경스럽게 보이는 것이다.

"통장에 많은 돈을 남기고 죽은 사람처럼 치욕적인 인생은 없다. 재물은 남을 위해 사용될 때 더욱 빛을 발한다."

미국의 철강왕 앤드류 카네기가 남긴 말이다. 그는 엄청난 부를 사회에 환원했다는 점에서도 훌륭하지만 미국 사회의 찬란한 기부 문화의 꽃을 피우게 한 장본인이기 때문에 더욱 위대해 보인다. 현재 미국에 존재하는 5만 6천여 개의 자선단체의 시발점이 됐고 오늘날까지 워런 버핏, 빌 게이츠로 그 기부 문화가 이어지고 있다.

미국의 기부 문화는 정말 존경스럽다. 우리나라가 6·25전쟁으로 잿더미가 됐을 때 그들은 우리에게 원조를 해줬다. 오늘날 우리나라가 세계 10위권 선진국 대열에 오를 수 있었던 것은 그들의 기부 문화가 있었기 때문이다. 그들의 대가 없는 무상원조가 없었더라면 우리나라의 경제 발전이 많이 지체되었을 것이다.

우리나라에도 아직 미국만큼 기부 문화가 정착되진 않았지만 이름 없이 기부하는 미담이 심심찮게 나오고 매스컴에 소개되고 있다. 왜 남을 위해 기부를 할까? 그 기쁨이 크기 때문일 것이다. 그 기쁨은 하는 사람만이 아는 것이다.

우리나라 사람들의 평균 기대수명이 2030년이면 90세가 된다고 한다.

평균나이이니 사고나 불치의 병에 걸리지 않으면 100세까지 사는 사람들이 흔할 것이다. 그때까지 꼭 가치 있는 일을 찾아서 그렇게 살다가 죽어야 하는 것이 의무는 아닐 것이다.

혹자는 인간의 존재 이유는 종족 번식이다. 자식을 낳았으면 이미 할 일을 다 했으니 너무 생의 의미를 찾으려 애쓰지 말라고 한다. 그러나 나는 인간은 의미를 찾는 동물이라고 생각한다. 그것조차 DNA의 작용이라고 폄훼할 수도 있겠다. 하지만 나는 믿는다. 그 DNA는 진화한 것이 아니고 처음부터 그렇게 설계되어 있었다는 것을.

모든 것을 눈에 보이는 행동과 현상을 관찰한 연구 결과를 토대로 인간과 동물사회를 설명하는 학자가 있다. 최근에는 유튜버로도 활동하는데 단기간에 구독자 수가 폭증하고 있다. 제작된 영상의 조회 수도 많다. 이유는 재미가 있기 때문이다. 눈에 보이는 결과를 보고 설명을 하니 나름 설득력이 강하다. 그런데 그분은 기본적으로 무신론자이다. 종교도 인간이 진화하면서 나타난 현상이라고 건조한 결론을 내린다. 인간은 단순히 육체와 혼으로만 이루어져 있다고 보기 때문이다. 그 두 가지는 기본적으로 이 세상의 것이다.

나는 인간이 다른 동물과 구분되어지는 것은 영에 있다고 본다. 인간에게는 영이 있고 동물들에겐 영이 없다. 영은 이 세상의 것이 아니다. 눈에 보이지는 않지만 분명히 실존하는 영의 세계가 있는 것이다. 그것은 수천 년 전부터 내려져 오는 기록에 의해 전해졌고 나는 그 기록이 진짜라고 믿기 때문이다.

우리는 거북선을 누가 만들었냐고 질문하면 이순신 장군이 만들었다고 답할 것이다. 역사책에 그렇게 써 있기 때문이다. 하지만 역사책에 그렇게 기록한 사람은 실제 이순신 장군이 만드는 걸 보았는가? 그 사람도 누군가에게 들었을 것이다. 그 사관은 그 누군가의 말을 믿었기 때문에 기록에 남긴 것이고 우리는 이순신 장군이 거북선을 만들었다는 기록을 믿고 있다. 아무도 이의를 제기하지 않는다. 그렇다고 하니까 그냥 믿는 것이다.

나는 누군가에 의해 만들어졌다. 나를 창조하신 그분과 소통하는 것, 타인에 대한 대가 없는 봉사와 기부, 이것이 가장 가치 있는 일이 아닐까 생각한다.

05

/

주말을 생산적으로 활용하라

직장에 다니고 있는 사람들은 금요일을 제일 좋아한다. 하루만 더 버티면 주말에 쉬기 때문이다. 내가 은행에 들어왔을 때는 토요일도 근무했었다. 은행에 입행하고 12년 넘게 토요일까지 근무했었다. 토요일은 은행 영업시간이 오후 1시까지였는데 이것저것 마무리하다 보면 2시가 훌쩍 넘은 시간에 퇴근했었다.

지금 생각해보면 그때 어떻게 주 6일 근무를 했었는지 그리고 어떻게 거의 매일 야근을 했었는지 믿어지지 않는다. 은행뿐만 아니라 대기업에 다니던 직장인들도 비슷했다. 그러다가 주 5일만 근무하고 주말에 이틀

쉬게 되니 너무 좋았다. 선진국처럼 주 5일 근무라니 그제서야 우리나라가 중진국을 벗어나 선진국이 되었구나를 실감할 수 있었다.

내가 직장생활을 시작한 90년대 초에는 일본의 평생직장 모델이 주목받고 있었다. 제2차 세계대전에서 패망한 일본이 경제 대국으로 빠르게 성장한 비결로 꼽힌 여러 가지 요인중 하나가 '평생 직장' 문화였다. 평생 직장이란 종업원이 한 번 입사한 회사에서 정년까지 안심하고 열심히 일할 수 있고 기업 입장에서는 숙련된 노동자를 지속적으로 확보할 수 있는 윈윈 시스템이다. 지금은 일본을 거론할 때 '잃어버린 20년'을 떠올리는데 그 말은 현재 시점에서 과거를 돌아보며 지칭하는 학술 용어일 뿐이지 당시엔 우리나라도 일본처럼 평생직장으로 가야 된다며 엄청 부러워했다.

이러한 분위기가 깨진 계기가 된 것은 IMF 사태였다. 당시 대기업에 대출해준 막대한 자금이 부실채권으로 전락하고 대형은행이 부도 위기에 빠졌다. 부도를 피하기 위해 정부의 공적자금이 투입되는 대신 수많은 직원들은 강제로 구조조정 당해야 했다. 은행뿐 아니라 많은 금융 회사들이 도산하거나 흡수 합병되었다.

당시에 퇴출되는 은행직원들의 절규하는 모습이 여과 없이 TV에 방영되면서 큰 반향을 일으켰었다. 열심히 일한 말단 직원들이 무슨 죄가 있냐, 모두가 경영진들의 잘못이다, 다시는 이런 일이 있어선 안 된다는 내용이었다. TV를 보는 사람마다 남의 일 같지 않아서 모두 착잡해했다.

다행히 내가 다니는 은행은 다른 은행을 인수 합병하는 위치였다. 당시 우리 지점에서도 가까운 피합병 은행의 지점에 가서 중요서류 인수인계 작업을 했었다. 한여름이었는데 에어컨 작동이 안 돼서 직원들이 너무 힘들어했던 기억이 있다. 인수인계를 돕기 위해 출근했던 피합병 은행 직원들의 눈빛은 지금도 잊을 수가 없다. 기죽은 모습으로 점령군들에게 고분고분 협조하는 모습이었다.

이때부터 우리나라에서도 평생직장의 꿈이 깨진 듯하다. 이미 20여 년 전부터 '직장인들이여 평생직장은 없다. 빨리 언제 닥칠지 모를 퇴직 이후를 준비하라'고 외치는 소리가 들려왔다. 사오정(45세 정년), 오륙도(56세까지 직장에 있으면 도둑)이란 말이 유행했다.

90년대 초중반 내가 네트워크 마케팅회사인 A사의 교육장에서 강연자에게 귀가 닳도록 들었던 내용도 '회사원은 임시직이다. 플랜B를 준비해야 노후가 보장되고 시간과 경제적 자유를 누릴 수 있다'였다.

틀린 말이 아니었다. 들을 땐 고개가 다 끄덕여졌다. 그런데 대다수 직장인들은 퇴근하고 집에 들어가면 파김치가 되어 퍼졌다. 특히 주중에 회식이나 약속으로 음주라도 하면 주말 내내 쉬어줘야 했다. 어떤 직원은 너무 힘들어서 바다가 보이는 지점에서 근무하고 싶다고 했다가 정말로 동해 바다 쪽 도시로 발령이 나는 일도 있었다.

따라서 현실적으로 자기계발이나 미래를 위한 부업은 일부 독종들을 빼면 어려웠다. 자기계발을 위해 조금 일찍 퇴근한다고 하면 동료 직원들의 눈총도 각오해야 하기 때문이다.

나는 미래에 대한 막연한 불안감으로 잠시 야간대학원에 다니기도 했고 한때 영어 공부도 열심히 했었다. 직장을 그만둘 생각은 없었지만 단지 불안하고 남들은 다 열심히 사는 것 같아서 나도 뭐라도 해야 할 것 같아서였다.

그러나 주변 동료들에게 주말에 뭐하냐고 물으면 '특별한 일 없으면 그냥 쉰다'가 대다수였다. 조금 부지런한 사람들은 골프를 하러 다녔다. 나도 한동안 주말이면 연습장에 가는 주말골퍼였다. 특히 친구들과 필드에 갔다 오면 전의에 불타올라 열심히 연습했다. 내가 제일 못 쳤고 수준이 떨어져서 같이 못칠 정도로 민폐를 끼치기 때문이다. 그렇게 망신을 당하고 오면 오기가 생겨 개인 레슨도 받았으나 별로 효과를 못 봤다. 레슨 기간이 끝나면 주말에만 반짝 연습했으니 실력이 늘 리가 없었다. 실력이 늘지 않아도 운동 후에 하는 사우나 가는 맛에 골프 연습을 끊지 못했다. 사우나에서 땀 빼고, 잠도 자고, TV 보고, 신문 읽는 게 하나의 낙이 돼버렸다.

주중에는 시간이 없고 마음에 여유가 없어서 못 하던 일을 주말에 시간을 내서 하기 시작한 것은 그리 오래되지 않았다. 코로나 전까진 네트워크 마케팅 교육장에 주중에 두 번 나갔고 주말에는 세미나와 각종 모임이 있어서 참석했다.

코로나 때문에 오프라인 모임을 할 수 없을 때에는 아프리카TV나 줌으로 대체됐다. 또 친인척이나 지인을 찾아가 사업설명과 제품을 안내했다. 자주 못 만났던 친구들도 찾아갔다. 처음엔 입을 떼기가 쉽지 않아 본론부터 얘기하지 못했다. 주로 어떻게 지냈는지 관심사가 뭔지 물어보다가 헤어질 때 간단히 내가 하는 일을 얘기하고 다음을 기약했다. 처음부터 호의적일 거라고 기대하지 않고 자꾸 입을 떼는 연습을 했다.

하지만 나는 짧은 기간에 성공할 생각은 없었다. 네트워크 마케팅 사업은 시간을 견디는 사업이다. 오히려 단기간에 성공할 수 있고 돈이 된다고 광고하는 사업은 경계해야 된다. 아직도 그런 식으로 사람들을 현혹해서 돈만 갖고 도망가는 사기꾼들이 판을 치고 있다. 금융사기든 다단계 사기든 단기간에 돈을 벌고 싶은 사람들의 심리를 이용하는 것이다.

처음에 큰돈을 요구하는 사업, 자꾸만 사람을 데려와서 자기 밑에 줄 세우려 하는 사업은 피해야 한다. 아쉽게도 내가 하는 일을 설명하면 나도 피라미드인 줄 알고 오해부터 한다. 그리고 하지 말라고 말리는 사람도 있다. 나도 처음엔 그랬으니 이해하고도 남는다. 그런데 상대방에게 노후를 위해 대비가 다 되어 있냐고 물어보면 대책이 없는 사람이 대다수였다. 특별히 하는 일이 있는 것도 아니다.

내가 하고 있는 사업은 이미 수만 명의 성공자가 나왔고 지금도 매달 배출되고 있다. 사업모델은 이미 검증되었으니 앞사람이 하던 대로만 하면 되는 일이다. 따라서 성공 여부는 그대로 실천하느냐 안 하느냐에 달린 것이다. 많은 사람들이 중도에 포기한다. 그래서 아직 레드오션이 아니고 블루오션인 것이다.

심리학자 솔로몬 애쉬는 실험을 통해 사람의 뇌에서 '다수의 사람과 다른 선택'을 할 때와 '통증을 담당하는 부위'가 똑같이 자극된다는 사실을 발견했다. 사람은 다수의 사람이 선택하는 길과 다른 방향으로 갈 때 고통을 느끼는 것이다. 어떤 것이 옳고 바람직한 것인지 따지기 전에 다른 사람들이 어느 쪽을 많이 선택하는지가 선택 기준이 된다. 인간은 이런 뇌구조를 갖고 있다. 나와 나이, 학벌, 근무환경이 비슷한 사람들, 고만고만한 사람들하고만 만나면 나의 생각은 그들과 비슷해질 수밖에 없다.

그래서 나의 사고는 직장인들의 세계를 벗어나기가 쉽지않다. 그 세계에서는 승진에서 낙오한 자의 굴레를 벗어나지 못한다. 그 굴레를 벗어나는 길은 다른 세계로 들어가 그 분야에서 성공한 사람들과 교류를 해야 가능할 것이다.

앞으로는 코로나 팬데믹으로 만날 기회가 거의 없었던 작가들과도 만날 계획이다. 작가로 성공하려면 성공한 작가들을 만나 그들의 세계로 들어가 봐야 하기 때문이다. 온라인으로 대면한 그들의 세계는 연령대도 다양하고, 사는 곳, 직업도 다양하다. 작가로 성공하는 것은 내가 직장에서 어떤 직위에 있었는지와 아무런 상관이 없어서 만남이 기대된다.

정년퇴직이 몇 년밖에 안 남은 지금 직장에서 완전히 떠난 나는 무엇을 하고 있을까 상상해본다. 어디서 불러주는 곳 없이 집에서 빈둥댈 것인가? 아니면 여기저기 불려 다니며 바쁘게 지낼 것인가? 물론 궁극적으론 유유자적하며 빈둥거려도 되는 평안한 노후 생활을 원한다. 그래도 퇴직하자마자 그럴 순 없을 것이고 그러고 싶지도 않다.

내가 꿈꾸는 퇴직 후의 생활은 늘 글을 쓰고 있는 작가의 생활, 인스타그램과 블로그, 유튜버 등 활발한 SNS 활동가, 네트워크 마케팅 활동을 하는 사업가로 바쁜 생활이다. 그러기 위해 진작에 준비했으면 좋았겠지만 아직 남아 있는 시간이라도 잘 활용한다면 안 될 것이 없다고 본다. 작가의 세계나 네트워크 마케팅 사업이나 얼마나 일찍 시작하느냐는 중요하지 않다. 성공한 사람들의 모습은 대개 같기 때문이다. 문제는 집중하느냐이다. 늦게 시작했더라도 짧은 시간 동안 집중하면 성취의 시간이 앞당겨질 것이고 천천히 여유를 가지면 늦춰지는 것이다. 앞당기느냐 늦추느냐는 전적으로 본인 하기에 달린 것이다.

이왕이면 재직 기간 중 주말을 잘 활용해서 어느 정도 기반을 닦아놓은 뒤 퇴직을 맞이하고 싶다. 그러면 심리적으로 불안하거나 조급하지 않을 것이다.

06

/

실패가 두려워도 도전하라

　30년 동안 직장생활하면서 잘한 것이 별로 없는 변변치 못한 은행원이었다고 자책하면서도 종종 내 스스로 잘 했다고 자부심을 느끼는 몇 가지가 있다. 그 중 하나는 수영을 배운 것이다. 서울에서 파주까지 왕복 100킬로미터가 넘는 거리를 1년 6개월간 출퇴근하다가 서울로 발령이 났다. 늘 그렇게 하듯이 새로운 발령지 주변을 돌아다녔다.

　며칠 돌아다니다 구민체육센터가 보여서 들어가 보았다. 시끄러운 음악 소리가 들리는 쪽으로 가보니 수십 명의 노인들이 물속에서 펄쩍펄쩍 뛰고 있었다. 아쿠아로빅 시간인데 전부 할머니들이었다. 물속에서 하는 에어로빅이라 관절에 부담이 없어서 노인들이 하는 운동 중 최고라고 했다. 노인들에게 워낙 인기가 많아서 대기자 리스트에 올려놓고 몇 달씩 기다려야 한다는 것이다. 나도 하고 싶다는 생각이 들었다.

안내데스크에서 구민체육센터의 커리큘럼을 구해서 훑어보았다. 그런데 내가 할 수 있는 시간대에는 아쿠아로빅이 개설이 안 되어 있었다. 사실 내가 할 수 있는 시간대에 개설이 돼 있더라도 수십 명의 할머니들 틈에서 운동할 용기는 없었다. 그래도 구민체육센터가 지점에서 가깝고 수강료도 저렴해서 무슨 운동이든 한번 시작해볼까 해서 체육센터 이곳저곳을 둘러보았다. 그러다가 월초에 새로 회원 모집할 때 수영을 해보자고 마음 먹었다.

얼마 후 나와 같이 새로 전입한 직원들을 위해 환영 회식이 열렸다. 아직 직원들은 물론 지점장과도 서먹서먹했었는데 회식자리에서 지점장에게 다음 달부터 수영을 배우려고 한다고 했다. 내가 수영을 등록한다고 하니 지점장도 운동을 하고 싶었다며 같이하자고 하셨다. 지점장은 나랑 연배는 비슷하지만 나이는 위였다.

그런데 막상 수강 신청 기간이 돌아오니 슬슬 꾀가 나기 시작했다. 지점장과 같이 수영 강습받기로 한 시간이 아침 7시 월-토반이었다. 내가 과연 매일 7시까지 나올 수 있을까? 중간에 그만두는 거 아냐? 일주일 꼬박 나올 수 있을지 자신이 없어졌다. 지점장께 살짝 자신이 없다고 하자 자신은 이미 등록했다고 했다. 내가 먼저 말을 꺼내놓고 나만 빠지겠다고 할 염치가 없어서 할 수 없이 일단 다녀보기로 했다.

지점장은 고향이 바닷가라서 수영을 잘하셨다. 물에 빠져도 빠져 죽을 염려는 없는 분이었다. 반면 나는 수영을 전혀 할 줄 몰랐다. 일단은 둘 다 초급반에 들어가서 시키는 대로 물장구부터 시작했다. 나는 물에 머리 담그는 것부터 시작해서 물에 뜨는 것, 호흡법을 순서대로 익히면서 조금씩 나아졌다. 지점장은 조금 갑갑해했다. 강사가 가르치는 정통 수영이 아니고 수영 교본에 없는 생존수영을 하니까 강사는 자기가 가르치는 대로 하지 않으면 수영이 늘지 않는다고 핀잔을 주었다. 지점장은 강습 시간에는 잘 따르다가 강습이 끝나면 원래 스타일대로 레인을 몇 번 더 왕복했다.

그러나 지점장은 한 달을 못 버티셨다. 원래 담배를 피우셨는데 수영을 시작하고부터는 저녁 시간이 되면 많이 피곤해하셨다. 얼굴색이 많이 안 좋았다. 결국 한 달도 채 못 채우고 그만두셨다. 반면 나는 강사가 시키는 대로 했더니 점차 자신이 생겼다. 수영강사도 나를 보고 흡족해했다.

수영을 배우기 시작한 지 2주 정도 지났을 때였다. 월~금요일까지는 강사가 같은 사람이었는데 토요일엔 알바 강사가 진행했다. 2주 차 되던 토요일, 초급반 수강생들이 이제 겨우 호흡법 익히고 팔 저을 즈음인데 강사가 갑자기 25미터 반대쪽까지 헤엄쳐 가라고 했다. 수강생들은 우린 아직 반대편까지 갈 실력이 안 되니 못 한다고 했다. 특히 여성 수강생들이 물이 깊다고 출발선에서 버텼다. 그러자 수영강사가 화를 내면서 빨리 출발하라고 재촉했다. 여성들을 제치고 내가 먼저 에라 모르겠다 하고 배운 대로 헤엄쳐갔다. 지금도 잊혀지지 않는다. 정신없이 헤엄쳐가면서도 생각이 또렷했다. 어? 잘 가네? 이대로 가면 무난히 끝까지 갈 수 있겠다고 생각했다. 끝까지 가고 나서 든 생각은 '별거 아니었네'였다. 왜 그토록 겁을 냈던가, 해보지도 않고. 그날 이후 수영에 자신감이 붙었다. 인사 이동으로 그 지점을 떠날 때까지 계속 수영장에 다니면서 평영, 배영까지 익혔다.

그때 수영을 배워놓지 않았다면 평생 죽을 때까지 수영을 못했을 것이다. 지점장과의 약속을 지키기 위해 반강제적으로 수영강습을 받지 않았다면 내 인생에 몇 안되는 성취감은 못 느꼈을 것이다. 그 이후로 물에서 하는 운동이 좋아졌다. 그래서 인사 이동 후 다른 곳으로 발령이 나서도 계속 수영강습을 다녔다.

우리는 중대한 일을 결정할 때 심사숙고하라고 한다. 심사숙고란 여러 가지 경우의 수를 잘 따져보라는 뜻일 것이다. 내가 의도한 대로 결과가 안 나올 경우도 대비하라는 것이다. 수영을 배우기로 마음먹었다가 잠시 주저한 이유는 골프의 추억 때문이었다. 골프를 정말 잘 치고 싶었다. 그런데 아무리 레슨을 받아도 별 효과가 없었다. 그래서 큰맘 먹고 충청도

태안 해변가에 있는 골프클럽에 등록했다.

금액이 꽤 부담스러웠으나 실전처럼 가르치는 교육 프로그램이 마음에 들었고 티칭프로가 워낙 유명한 사람이어서 거기서 배우면 금방 실력이 늘 것 같았다. 강의장까지 새벽에 일찍 차를 몰고 나가도 2시간 걸렸다. 두세 번 나가니까 자신감이 생겼다. 그동안 친구들 앞에서 헤매던 모습이 아닌 공이 멋있게 뻗어나가는 모습을 보여줄 수 있을 것 같았다.

그러나 나의 부지런함은 오래 못 갔다. 프로그램이 정말 좋았는데 너무 멀었다. 골프연습장은 절대 집에서 멀리 다니지 말라는 말이 왜 나왔는지 알 것 같았다. 점차 꾀가 나기 시작해서 수업을 이월시키다가 결국은 흐지부지되고 말았다. 수업 회차의 반도 못 채웠다. 처음에 의도했던 대로 안 된 경우였다.

골프 외에도 내가 실패한 사례는 무수히 많다. 특히 처음에 의욕이 넘치게 시작했다가 끝까지 해내지 못하고 중도에 그만둔 적이 여러 번 있었다. 하지만 과거 실패한 경험 때문에 새로운 시도조차 안 한다면 그것이 더 최악이다. 어차피 인생은 실패의 연속이기 때문이다.

정년퇴직을 얼마 안 남기고 내가 작가가 되기로 결심하고 네트워크 마케팅 사업을 하기로 결심하기 전에 심사숙고만 했다면 두 가지 다 시작도 못 했을 것이다. 다시 말해서 결과가 안 좋을까 봐 생각을 많이 했다면 안 했을 것이다. 왜냐하면 성공하지 못할 가능성이 많기 때문이다. 두

가지 일 모두 떠밀려서 하게 된 면이 더 강하다.

그러나 오래도록 고민하진 않았다. 결과가 내가 원하는 대로 안 나올까 봐 안 할 순 없었다. 해보고 안 돼도 할 수 없다. 하지만 경험은 남을 것이다. 내가 지인들에게 네트워크 마케팅 사업을 한다고 하면 대부분 반응은 이렇다. "잘 생각해봐." "경거망동하면 안 돼." "깊이 생각한 거야?" 이런 말은 나를 걱정하는 게 아니고 겁주는 말이다. 말은 그렇게 하면서도 '혹시 잘돼서 성공하는 거 아냐?' 이런 마음도 깔려 있다.

나의 답은 '그럼 안돼도 좋으니 시도라도 해봐야 하지 않겠는가. 가만히 있으면 누가 10원이라도 주는가? 많든 적든 수입이 발생하는 일이라면 시도해봐야지'였다. 실패할까 적정하지 말고 일단 경험을 많이 해보는 것이 바람직하다고 말해줬다.

1980년대 해리슨 포드 주연의 명불허전 영화 〈인디아나 존스〉가 있다. 시리즈로 된 영화 중 3편 '최후의 성전'에 이런 장면이 나온다. 고고학자인 인디(해리슨 포드 분)의 아버지(숀 코넬리 분)가 악당의 총에 맞아 생명이 위태로워져서 인디가 '성배'를 찾아내야 했다. 성배에 물을 담아 마시면 목숨을 구할 수 있다는 스토리였다. 성배를 찾는 데는 세 가지 관문이 있었는데 두 가지 관문까지 간신히 통과 후 마지막 관문에서 앞이 가로막혔다. 한쪽 절벽에서 반대편 절벽으로 건너가야 되는데 거리가 너무 멀어서 도저히 건너갈 수 없었다. 건너갈 수 있는 방법을 알려주는 책에는 '믿음'이 필요하다고 써 있었다. 그 책에 써 있는 대로 믿고 발을 내딛어야 했다. 그런데 눈앞에는 깊은 낭떠러지가 놓여 있어서 한발짝 내딛기도 어려울 지경이었다. 뒤에서는 아버지가 죽어간다고 빨리 결단을 내리라고 재촉하고 이러지도 저러지도 못한 채 한참을 주저한 끝에 심호흡하고 허공에 한 발 내딛는다. 이때 기적같이 발밑에 다리가 놓였다. 결국 낭떠러지를 건너 성배를 찾고 아버지의 생명을 구하는 것으로 결론이 안다.

그런데 절벽 사이에는 원래 다리가 있었다. 착시현상으로 다리가 없는 것처럼 보인 것이다. 그 영화가 나에게 주는 메시지는 내 앞에 길이 있는데도 착시현상 때문에 길이 없는 줄 알고 뒤돌아서지 말라는 것이다. 무슨 일을 하든 성공에 대한 확신이 있을 때만 실행에 옮기려고 한다면 아무 일도 못할 것이다. 그냥 눈 딱 감고 해보는 거다.

07

/

5년 후 어떤 삶을 살고 싶은가

'미래를 예측하는 최선의 방법은 미래를 창조하는 것이다.'

미국의 컴퓨터 과학자이자 퍼스널 컴퓨터의 아버지라 불리는 앨런 케이의 명언이다. 나는 무엇을 예측하는 것만큼 어렵고 하기 싫은 것도 없다고 생각한다. 예측이라는 것이 100% 맞을 거라는 보장도 없고 변수도 많은데 애써서 미래예측을 하는 사람들 보면 대단하다는 생각이 든다. 맞으면 다행이고 아니면 말고 라고 해도 아무도 탓하지 않을 것이다. 그러나 지금까지 미래학자가 하는 예측들은 단기적으로는 틀리는 경우도 많으나 10년, 20년 같은 장기예측은 거의 다 맞아떨어졌다고 한다. 단기적인 예측도 단서를 달아서 미리 빠져나갈 구멍을 만들어 놓으면 욕 먹을 일이 없을 것이다.

회사에서는 월별 혹은 분기별 반기별 이렇게 기간별로 예상 실적을 작성하라고 할 때가 있었다. 막막하기도 하고 틀려도 결정적인 실수가 없다면 나중에 질책당할 염려는 없지만 작성하려면 굉장히 신경 쓰이고 귀찮은 작업이었다. 각 지점별로 예상 실적을 취합해서 회사 전체의 예상 실적을 작성하는 부서도 고역이긴 마찬가지였을 것이다.

우리의 생을 한 치 앞도 못 내다보는 게 현실인데 향후의 모습을 예측하는 게 가능할까? 예측한다기보다 꿈꿔본다는 말이 더 적합한 단어일 것인데, 나는 앨런 케이의 말에서 영감을 얻었다. "너의 미래를 꿈꾸고 창조해봐라 차라리 예측보다는 쉬울 것이다." 이렇게 받아들여졌다. 먼저 향후 자신이 되고 싶은 상황을 먼저 만들어보고 거기에 도달하기 위해 해야 할 일이 무엇인가? 이렇게 순서를 거꾸로 해보는 게 더 현실적이라는 생각이 들었다. 나의 미래 예측이 맞다 틀리다가 아니라 미리 정답을 만들어 놓고 답을 향해 매진하는 것이다.

1995년 1월에 미국에서 개봉됐던 영화 〈쇼생크 탈출〉을 한 번쯤 봤을 것이다. 한 번이라도 본 사람은 절대 한 번만 보지 않는다는 명작이다. 개봉 당시에는 다른 영화에 밀려 흥행엔 성공하지 못했지만 VTR이나 CD로 만회하며 더 오래도록 기억에 남는 명작이 되었다고 한다. 영화에 명장면이 많고 보는 사람들에게 던지는 메시지가 강렬하기 때문일 것이다.

명장면 중에서도 대부분 사람들이 같이 희열을 느끼는 부분은 주인공 앤디가 억울하게 수십 년째 감옥살이를 하다가 천둥번개가 치는 어느 날 오물이 가득한 교도소의 하수구를 기어서 간신히 빠져나오는 장면일 것이다. 사방을 둘러보며 자신이 감옥 밖에 있다는 사실을 알고 하늘을 향해 두 손을 들고 만세를 부르는 장면은 보는 사람들로 희열을 느끼게 한다. 신체적 구속으로부터 자유를 되찾은 것이다.

그리고 주인공은 악한 교도소장의 자금을 관리해주며 미리 빼돌려 놓았던 돈을 가지고 멕시코 국경을 유유히 넘어간다. 그리고는 멕시코 휴양지에서 한가롭게 자기가 좋아하는 요트를 만들며 교도소에서 친하게 지냈던 동료를 불러들이는 장면으로 영화는 끝이 난다. 일단 영화는 해피엔딩이다. 물리적 구속으로부터의 자유뿐만 아니라 경제적·정신적 자유까지 얻은 것이다.

영화를 보는 사람들은 주인공을 통해 대리만족을 얻는다. 교도소로부터의 자유는 속박을 싫어하는 인간 본능을 충족시킨다. 교도소로부터 탈출하는 장면은 손에 땀을 쥐게 하는 긴박감 때문에 빠져든다. 그러나 주인공이 교도소에서 간신히 빠져나와 경찰에 쫓기는 장면이 계속 이어졌다면 다른 탈주 영화의 하나로 끝났을 것이다. 관람자들이 진정 희열을 느끼는 장면은 파라다이스같은 해변에서 여유 있게 햇볕을 쬐며 유유자적하는 모습일 것이다. 한마디로 주인공이 훔친 돈이 많지 않았다면 재미가 없었을 것이다. 수차례 돌려봐도 질리지 않는 이유는 바로 돈이 많아 경제적인 자유를 만끽하며 삶의 주인이 되어 살 수 있는 모습에서 대리만족을 느끼기 때문일 것이다.

5년 후 나의 모습을 미리 만들라고 하면 당연히 경제적으로 자유의 몸이 되어 있는 상태를 그릴 것이다. 그렇다면 어떻게 해야 5년 후 경제적 자유의 몸이 될 수 있을까.

『내 인생 5년 후』(하우석)에서 저자는 타의 추종을 불허하는 성과를 낸 비즈니스 맨부터 사법고시와 같은 최고의 시험을 통과한 전문직 종사자에 이르기까지 그들을 치열하게 조사하고 연구를 한 끝에 얻은 결론은 그들은 인생을 5년 단위로 계획하고, 그 5년 동안 자신의 모든 에너지를 집중한다는 것이었다. 그리고 모든 에너지를 집중할 목표를 세울 때 낮은 목표를 조준해서는 안 되고 인생을 완전히 바꿀 만한 터닝 포인트를 만들어내는 과감한 목표에 그 초점이 맞춰져야 한다고 했다. 과감한 목표는 지금 현재 발 딛고 있는 토대를 벗어나 원점으로 되돌아갈 수 없는 목표를 말한다.

그럼 왜 5년 단위로 계획하고 그 목표에 집중해야 할 기간을 5년이라고 했을까? 그것은 결과를 얻어내는 최적의 기간이 5년이기 때문이라는 것이다. 1~2년은 너무 짧아서 지속적이고 일관된 실행을 기대하기가 힘들고 10년이라면 시간 대비 효율성이 떨어지기 때문이다.

실례로 미국에서 100만 달러 이하의 비즈니스를 시작한 창업자들 가운데 90%가 창업 후 5년 안에 문을 닫았고, 5년 이상 생존한 창업자들은 10% 미만이었는데, 생존비결로 '5년 전략'을 꼽았다고 한다. 즉, 실패한 90%는 기간 설정 없이 그저 언제까지나 잘되기만을 바랐고 성공한 10%는 어떻게든 5년 후에는 시작한 사업을 반석 위에 올려놓겠다는 기간 설정이 있었다는 것이다. 수단 방법을 가리지 않고 5년을 기점으로 삼아 자기 사업의 터닝 포인트를 만들겠다고 결심한 것이 차이를 만들었다고 볼수 있다.

결론적으로 어떤 일을 하든 간에 그 일을 5년 정도 포기 없이 하고 있다면 그만큼 그 일에 성공할 확률이 매우 높아진다고 저자는 말했다.

사실 직장인들이 갈급해하는 것은 어떻게보다 무엇을 5년간 집중할 것이냐일 것이다. 무엇을 5년 동안 해야 성공할 수 있을까? 그리고 그 성공을 통해서 진정한 자유를 누릴 수 있을까? 이것을 고민해봐야 할 것이다.

나는 책에서 답을 얻고자 도서관에서 많은 책들을 찾아봤다. 그리고 좋다는 자격증이 있다고 하면 역시 인터넷, 유튜브를 통해 많이 뒤져봤다. 특히 정년 이후라는 나이도 고려해서 찾아보았다.

먼저 편의점이나 유명 프랜차이즈 점포를 알아보았다. 전에 근무하던 지점 바로 옆에 편의점이 있었다. 대출업무를 하던 때라 은행 대출금을 쓰고 있는 그 편의점에 대해 잘 알고 있었는데 평소 3교대 근무를 하고 있었다. 사장, 사장 부인, 사장의 처제 이렇게 3명이 돌아가면서 가게를 지키고 있었다. 수입이 많지 않아서 생활비와 대출이자 내고 나면 별로 남는 것도 없었다. 생활의 패턴 역시 내가 원하는 자유인과는 거리가 멀었다.

유명 도너츠 프랜차이즈도 지인을 통해 문의했다. 기본적으로 창업자금이 나의 퇴직금은 물론 대출을 받아도 턱없이 부족하다는 결론을 내렸다.

향후 전망이 좋다고 해서 도전해보려던 자격증이 있었는데 실제 현실보다 과대포장 된 것을 알고 나서 접었다. 자격증으로 벌어들일 수입도 많지 않은데 협회비다 소개료다 해서 별도의 비용으로 돈이 많이 새 나갔다. 그리고 이미 자격증이 유망하다고 소문이 나서 사람들이 몰리고 있었다. 머지않아 레드오션이 될 것이 뻔하기 때문에 지금 당장은 유망해 보여도 곧 열기와 관심이 멀어질 게 뻔했다.

부동산 공인중개사는 지원자들이 워낙 많고 시험 수준이 거의 고시에 가까워서 단기간에 취득이 어렵다고 알려져 있다. 자격증 취득을 위해 들인 시간, 비용 대비 받는 보상이 크지 않다고 생각되어 망설이고 있다. 주변 공인중개사에 물어봤을 때 초기 창업비용도 예상한 것보다 많아서 놀랐다. 더구나 이젠 공인중개사도 점차 법인화되고 있고 고학력 젊은 층이 많이 뛰어들어 나이 많은 1인 중개사 사무소는 점차 경쟁력이 없어질 것이라고 다른 나이 드신 부동산 중개업자가 말해주었다.

나의 결론은 자본금이 많이 들지 않고, 5년 동안 집중하면 경제적 자유를 가져다 줄 수 있는 일을 해야 한다는 것이다. 다행히 아직 사람들이 하기 꺼려하고 처음에 많이 주저하는 분야가 남아 있었다. 거기에 승부를 걸어볼 생각이다.

5장

미루고 싶기만 했던 은퇴를 10년 앞당겨라

01

/

떠밀리듯 하지 말고 당당하게 맞이하라

『QUIT LIKE A MILLIONARE』라는 책의 저자는 자신이 운영하는 블로그를 통해 은퇴 시기가 가까워지면서 느끼는 공포에 대한 독자들의 사연을 많이 받고 공통점을 발견했다. '원모어이어 증후군'이란 조기 은퇴에 충분한 자산을 모으고도 일 년만 더 일하면 좀 더 안전해지지 않을까 하고 자꾸만 은퇴를 미루는 심리라고 한다. 저자가 독자로부터 가장 많이 듣는 공포는 크게 세 가지였다.

첫째, 돈이 떨어질까 봐 느끼는 두려움

둘째, 외톨이가 될까 봐 느끼는 두려움

셋째, 정체성 상실에 대한 두려움

미국이나 한국이나 직장인들이 퇴직이 가까워지면서 느끼는 두려움은 다르지 않은 것 같다.

우리나라의 경우 대개 직장인들은 퇴직할 때 퇴직금을 받는다. 국민연금, 퇴직연금, 개인연금으로 풍족하지는 않아도 밥은 굶지 않을 것이다. 재정적인 어려움에 빠질 수 있는 리스크는 다른 데 있다. 사업을 시작했다가 실패한 경우, 질병이나 사고로 인해 의료비 부담이 커지는 경우, 자녀의 교육, 결혼 비용에 과도한 돈을 지출한 경우다.

내 주변에서 본 안타까운 사례 유형 중 하나는 아이들 해외 유학 자금으로 돈이 밑빠진 독에 물붓기식으로 빠져나가는 경우였다. 내가 안타깝게 보는 경우는 해외에서 대학교, 대학원 교육을 마쳤으면 현지에서 직업을 구하면 좋으련만 다들 국내로 들어와서 독립하지 못한 채 계속 부모 밑에서 기생하는 케이스다. 전공을 살리지 못하고 외국어학원에서 강사를 하거나, 알바식으로 일을 하거나, 아예 집에서 쉬고 있었다. 모두가 그렇지는 않겠지만 비싼 돈 들여서 해외에 나가서 공부하고 올 이유가 없는 것이다. 냉정하게 말하면 돈만 날린 것이다. 부모들이 내 자녀를 너무 사랑해서 자식이 하고 싶은 일이라면 물불 안 가리고 다 해주려는 경향이 있을 때 일이다. 요즘엔 경제적으로 감당할 자신이 없으면 무분별하게 해외 유학을 보내는 경우는 별로 없는 것 같다.

은퇴 후에 돈이 떨어질까 두려우면 소득의 파이프라인을 최대한 많이 만들어 놓아야 한다. 그러려면 젊을 때 다양하게 여러 가지를 시도해야 한다. 실패하더라도 아직 월급이라는 안전장치가 있을 때 경험해야 한다.

내가 주로 다니는 국회도서관, 마포중앙도서관, 정독도서관에는 나와 비슷하거나 좀 더 나이가 많아 보이는 분들을 많이 볼 수가 있다. 거의 다 혼자 다닌다. 누구랑 같이 오는 걸 본 적이 없다. 나도 도서관엘 혼자 가지 누구랑 같이 가지 않는다. 산에 갈 때도 혼자 가는 게 속 편하다. 친구나 지인과 같이 가려면 미리 날짜 맞추고 준비하는 게 번거롭다. 그냥 아무 때고 훌쩍 떠나는 맛이 있다. 이런 것은 자발적 외로움이다. 다만 혼자 있다가 갑자기 돌발상황이 발생했을 때 도움을 요청할 사람이 없으면 조금 위험하긴 하다.

코로나가 전국적으로 한창 유행할 때 혼자 치악산에 갔다. 아무것도 준비하지 않은 채 잠바만 걸치고 올라갔다. 산 입구 식당에서 간단히 식사를 하고 주인에게 산 정상까지 몇 시간 걸리는지만 묻고 출발하려고 하는데 주인이 날이 금방 어두워지니 짧게 갔다 오라고 했다. 그때는 운동을 많이 하고 다이어트를 한 덕분에 몸 상태에 자신이 있어서 알겠다고 하고 올라갔다. 몸이 가벼워서 초반에는 거의 날아가다시피 스피드를 내서 올라갔다. 그런데 올라가다 보니 계단이 끝이 없었다. 가파른 계단을 넘기면 그다음에는 완만한 계단이 나올 법도 한데 계속 가파른 계단이 끝도 없이 이어졌다. 치악산은 치를 떨면서 올라가서 치악산이라고 부른다는 말이 실감났다. 슬슬 겁이 났다. 사람이 안 보였기 때문이다. 올라가다 탈진해서 퍼질지도 모르겠다고 걱정될 때 식당 주인의 말이 생각났다. 그나마 다행히도 날씨가 흐려서 가랑비가 내렸다. 햇볕이 나는 날씨였다면 정말 탈진할 뻔했다.

가까스로 정상을 밟고 내려가니 다리가 풀렸다. 식당 주인은 내가 내려오지 않아서 걱정했던 것 같다. 나를 보자 무척 반가워했다. 혼자가 됐을 때 두려워해야 할 일은 주변에 도움을 받지 못하는 상황인 것이다.

통계청 인구 총조사에서 2020년 1인 가구 비율은 31.7%로 나타났다. 10집 중 3집은 혼자 사는 집이다. 연령별로는 50대와 60대 각각 15.6%로 나타났다. 앞으로 60대 이상 고령층의 독거 비율이 빠른 속도로 증가할 것으로 예상하고 있다.

우리가 두려워해야 할 것은 나이가 80세 이상 됐을 때 혼자 살아야만 하는 상황일 것이다. 자식들 출가하고 배우자가 없으면 혼자 살아야 한다. 고독사하는 경우는 가족이 해체되어 아무도 만날 사람이 없는 극단적인 경우다.

이런 상황을 피하려면 요양시설이나 실버타운에 입주할 자금을 마련해 놓아야 할 것이다. 그리고 종교활동이나 봉사활동에 참여하여 언제든 원하면 사람과 교류할 수 있도록 해야 할 것이다.

회사에서 퇴직한 후 인생 2막에 대하여 책을 쓰신 분들이 공통적으로 하는 말이 있다. 현직에 있을 때 주변에 사람이 그렇게 많았는데 퇴직 후에는 교류하는 숫자가 1/10로 줄더라는 것이다. 결국 자신을 보고 사람들이 모이는 것이 아니라 자기가 몸 담고 있는 회사의 직위를 보고 모이는 것이었다고 뒤늦게 깨달은 것이다. 회사에서 은퇴함으로써 그동안 누려온 프리미엄이 박탈될까 두려워하는 것은 자연스러운 심정일 것이다.

아는 지인은 대기업에서 구매 담당자였다. 거래처와 만나면 항상 갑의 위치에 있었다. 그런데 그 사람의 평소 생활 모토가 '항상 을처럼'이었다. 정말 인격적으로 성숙한지는 모르겠으나 지혜로운 처신이라고 생각했다. 결국 나중에 퇴직 후 개인사업을 시작했을 거래처로부터 도움을 받았다고 했다.

기업의 부장들이 정년을 보장받기 위해 임원승진을 거부한다는 대기업 사례가 한때 이슈화된 적이 있었다. 법원에서는 근로자가 임원으로 승진하면 계약직 근로자가 되고 당연히 근로 계약 관계가 종료된다고 판시했다.

임원은 말 그대로 임시 직원이기 때문에 언제 그만두게 될지도 모른다. 그래서 자기 근무 연한을 최대한 늘리고 싶은 사람은 임원으로 승진시켜준다고 해도 본인이 거절한다는 것이다. 이것은 증권회사에서 오래 근무한 나의 선배의 실제 사례이다.

위와 같이 승진을 거절한 사례는 일종의 원모어이어 증후군이라고 할 수 있다. 하지만 오너가 아닌 이상 언젠가는 조직을 떠나야 한다. 떠밀려서 하는 것보다 능동적으로 자기 할 일을 찾아야 한다. 어떻게 하면 구차하게 근속기간을 연장하려 애쓰지 않고 당당하게 은퇴를 맞이할 수 있을까?

미국으로 이민 간 선배가 자꾸 떠오른다. 이민 가기까지 치밀하게 준비했다. 휴가 때면 현지에 사전답사하고 주말에는 동호회 모임에 나가고 카페 활동을 통해 정보를 수집해가며 가서 무슨 일을 할 것인가를 연구했다. 재산처분도 미리미리 손을 써났다. 덕분에 희망 퇴직 공고가 뜨자마자 "옜다, 사직서!" 하고 바로 던져버렸다. 그 얘기를 떠올리면 내가 다 짜릿하다. 나도 미리 준비했으면 희망 퇴직 공문이 떴을 때 그 선배처럼 멋있게 던질 수 있었을 텐데하는 아쉬움이 있다.

지금은 사지 않지만 한때는 로또 복권을 매주 산 적이 있었다. 인생 역전을 노린 것이다. 그만큼 절실히 조기퇴직을 하고 싶을 때가 있었다. 금융연수원에 한 달간 여신업무 연수를 받으러 간 적이 있었다. 강사 중 한

분은 수업 시간의 반을 관상, 사주, 역학 이런 얘기만 했다. 학생들은 오히려 그런 얘기를 더 좋아했다. 학생 한 명 한 명에게 관상은 어떻고 무슨 색이 잘 맞고 이런 얘기를 해주었다. 그래서 학생들은 그 선생 시간을 기다렸다.

그분 말씀 중 기억에 남는 얘기가 있다. "복권에 큰 금액이 당첨되는 사람은 대개 어려운 사람들이 되는 것이다. 당신들은 모두 금융권 직원이기 때문에 웬만큼 먹고산다. 만약 당신 같은 사람들이 로또복권에 1등 당첨되는 것은 운명에 커다란 변화가 올 조짐이라고 보면 된다. 평생 운을 다 쓰는 것이다. 그러니 로또복권이 맞을 생각일랑 아예 하지 말아라." 나는 주역이나 관상 같은 것은 믿지 않지만 왠지 그 말이 틀렸다고 생각되지 않는다. 하지만 나는 그 선생 말을 듣고 복권을 안 사는 것이 아니다. 당첨 확률이 낮아서 안 사는 것이다.

나는 인생에 한 방은 없다고 믿는다. 가장 미련한 것이 가장 지혜로운 것이라는 역설의 말을 좋아한다. 보기에 미련해 보여도 정직하게 일하는 방식으로 인생 역전을 이룬 성공자들을 본받아 당당하게 은퇴를 맞이하고 싶다.

02

/

은퇴 준비는 빠를수록 좋다

　'은퇴'란 말을 사전에서 찾아보면 '직임에서 물러나 사회활동에서 손을 떼고 한가히 지냄'이라고 나온다. 내가 어렸을 때만 해도 은퇴란 말은 조선 시대 관리들이 관직을 마치고 고향에 내려가 한가로이 후진을 양성하는 이미지였다. 어찌보면 낭만적인 단어였는데 요즘 들어서는 사회활동에서 손을 떼는 것이 아니라 기존의 사회활동과의 단절을 의미하는 말로 대체되었다. 오랜 기간 종사했던 자기 본업을 중단하게 되었다는 의미가 강하다. 우리는 모두 본래 의미의 은퇴가 언제가 오기를 바란다. 그것도 빨리 오기를 원할 것이다.

코로나 팬데믹 전 제주도에 놀러갔을 때 배를 한 번 더 타고 마라도까지 갔었다. 마라도에서도 남쪽 끝에 가니 개인소유 주택 앞마당에 그네가 설치되어 있었다. 누구라도 앉으라고 갖다놓은 것 같은데 거기에 잠시 앉아 따뜻한 햇볕을 쪼이며 바다를 바라보았었다. 멀리 배들이 지나가는 게 보였다. 참 한가롭고 편안한 한 폭의 그림이었다.

나에게 진정한 의미의 은퇴란 그런 느낌이다. 아무것도 하지 않아도 걱정이 되지 않는 상태에서 자연을 바라보면서 유유자적 세상 구경하는 것이다. 누구나 이런 순간이 잠시라도 있었을 것이다. 그러나 아직 해야 할 일이 남아 있다면 진정한 은퇴는 아닌 것이다.

최종적 은퇴를 바라는 것은 나이 든 사람들뿐이 아니다. 지금은 20대부터 은퇴를 목표로 활동하는 것이 하나의 트렌드다. 빨리 '숙제'를 끝내 놓고 놀고 싶은 것이다. 이들을 FIRE족이라고 부른다. 미국에서는 벌써 90년대 초반부터 나타나기 시작했는데 우리나라도 젊은 층에서는 FIRE가 되는 것이 로망이 되어 있다.

서울대 심리학과 곽금주 교수는 'FIRE족 출현은 고령화사회가 현실로 다가오면서 소비문화가 주는 불안을 가능한 한 축소시키기 위해 나타난 현상으로 보인다'고 했다. 고령화 사회가 되면서 노인 빈곤의 문제가 남의 일 같지가 않을 것이다. 노후가 걱정 없을 만큼 충분히 돈을 벌어 놓는 것 그것이 당면 숙제인 것이다. 그래서 빨리 그 숙제부터 해결하려고 주식, 부동산, 코인에 투자하고 N잡과 투잡을 마다하지 않고 있다.

그렇다면 얼마 정도의 돈이 있어야 안심하고 놀러 다닐 수 있을까? 내가 놀랐던 것은 이들이 목표로 하는 금액이 20억 원 정도였다는 것이다. 과연 20억 원으로 맘 편한 노후 생활이 가능할지 의문스럽다. 그래도 젊을 때 안 쓰고 절약하고 투자하는 것이 개념 없이 소비하는 것보다 훨씬 바람직한 생활태도일 것이다.

은퇴 준비는 가급적 일찍 그리고 빠를수록 좋다. 이걸 부정하는 사람은 별로 없을 것이다. 따라서 이른 나이부터 은퇴 생활을 계획한다는 것은 굉장히 지혜로운 일이다.

그러나 나는 40대 초반까지 남들과 비슷하게 눈코 뜰 새 없이 바쁘게 보냈다. 그래서 퇴직, 은퇴 이런 거는 당장에 닥친 문제가 아니므로 신경 쓸 여유가 없었다. 나와 비슷한 연배의 사람들 중 일부 깨어 있는 사람들 말고는 대부분 퇴직 이후의 일은 별로 생각지 않았을 것이다. 나도 많이 늦었지만 이제부터라도 빨리 숙제를 끝내고 싶다. 최소한 하류 노인은 되고 싶지 않다.

경제적 자유가 해야 할 숙제 전부인 줄만 알았는데 숨어 있는 복병이 있다는 것을 안 것은 비교적 최근의 일이다. 그렇게 계산이 빠르고 언변이 좋았던 모친에게 치매가 왔다.

내가 결혼한 이후 어머니 혼자 지내셨는데 요즘 노인들은 같이 살자고 해도 본인들이 자식과 같이 사는 것을 원치 않는다. 같이 살진 않았어도 우리 아이들 돌봄이를 자처하셔서 주중에는 거의 매일 우리집에서 계시다가 저녁에 집으로 가셨다. 아이들이 성장하고 제 앞가림 할 수 있게 되면서 우리집에 방문하는 횟수가 줄어들었다. 내 딴엔 어머니에게 자유를 준 것이라고 생각했다.

연세가 80을 넘기면서도 혼자 계시는데 전혀 문제가 없었고 때때로 너무 간섭을 하셔서 귀찮을 정도였다. 그러다 몇 년 전에 낮 기온이 40도에 육박할 정도로 무더위가 심했던 해에 집 밖에 못 나가시고 보름 가까이 집에 혼자 계신 적이 있은 후부터 갑자기 치매 증상이 나타났다. 그동안 겉으로 드러나진 않았어도 속으론 조금씩 진행되고 있다가 무더위라는 계기로 드러난 것으로 보여진다. 치매 증세가 점점 심해지시더니 혼자서 우리집에 찾아오지 못할 정도가 돼버렸다.

3년 후 우리나라 치매 환자는 100만 명에 달할 것으로 예상된다. 2021년 기준 65세 이상 인구 814만 명 중 약 84만 명이, 85세 이상 노인 중 40%가 치매 환자다. 곧 우리나라 인구 중에서 본인이든 가족이든 치매로부터 자유로울 수 있는 사람은 없게 된다. 본인은 치매의 고통을 모른다. 가족이 고통스럽게 된다.

아직까지 치매의 치료 약은 나오지 않았다. 따라서 걸리지 않도록 예방하는 것이 중요하다. 치매 전문의에 따르면 생활 습관 개선으로 치매 발병율을 30~50% 확 낮출 수 있다고 했다. 간단히 소개하면 **진인사대천명**을 기억하라고 했다.

진 : 진땀 나게 운동하기, 1일 20분 주 3회 운동하거나 매일 3km 걷기

인 : 인정사정 볼 것 없이 담배 끊기

사 : 사회활동 활발히 하기, 친구 친척 이웃 만나고, 각종 모임 참여

대 : 대뇌 활동, 책 읽고 글쓰기

천 : 천박하게 술 많이 안 마시기

명 : 명을 연장하는 식사, 야채, 생선, 견과류 등

우리가 젊을 때는 자신에게 치매가 올 거라고는 전혀 생각하지 않는다. 조금 피곤하더라도 금방 회복이 되고 내 뇌 속에 무슨 일이 일어나는지 전혀 못 느끼기 때문이다.

부모가 치매에 걸리면 어디로 모실 거냐는 설문조사에서 '요양원'에 모셔야 한다가 76%, 자택에서 '가족'이 돌봐야 한다가 24%의 응답률이 나왔다.

나의 모친도 요양원에 계신다. 원래는 낮에만 노인들을 보살피는 데이케어 센터에 다니셨다. 어느 날 넘어지는 바람에 고관절 수술 후 하루종일 돌봄 서비스를 받는 요양원에 들어가셨다. 한창 COVID가 창궐하던

때여서 면회가 불가능했다. 많은 노인분들이 돌아가셨고 가족들은 임종을 지키지 못하고 화장장에서 작별 인사를 드려야 했다. 남의 일이 아니어서 항상 불안했다.

부모님들에 대한 효도를 못 하는 것이 안타깝지만 집에서 치매 노인을 돌보려면 가족 중 한 명은 24시간 환자에게 매달려야 한다. 나의 지인 중 부모님의 상을 당해서 문상을 가보면 연세가 80세 이상 넘기고 돌아가신 분 중 대부분은 치매를 앓다가 돌아가셨다. 돌아가시기까지 자택에 머무를 때 옆에서 시중을 드신 분의 고생은 이루 말할 수가 없었다고 했다.

치매뿐만 아니라 암, 백혈병 같은 고약한 병에 걸리면 하루아침에 빈곤의 나락으로 떨어질 수 있다. 본인뿐만 아니라 가족이 심각한 병에 걸리면 역시 경제적으로 엄청 부담이 될 것이다.

은퇴 준비의 첫발은 건강관리다. 경제적 자립을 이루었다고 해도 건강을 잃으면 아무런 의미가 없다. 우리 뇌에는 20대 후반부터 독성물질이 쌓인다고 한다. 넉넉한 자금 마련뿐 아니라 건강 관리를 일찍 시작해야 하는 이유다.

우리 세대는 늙으면 자식의 부모부양을 거의 기대하지 않는다. 아니 오히려 거부한다고 나와 있다. 그럼 대다수가 언젠가는 요양원이나 실버타운에서 공동 생활을 해야 한다. 죽기 전까지 자기 발로 걸어서 화장실에 가고 자기 손으로 밥 한 술 뜨길 바란다면 건강에 대한 관심을 결코 소홀히 할 수 없음을 깨달아야 한다.

나의 입사 동기 중 한 명은 '무슨 일이든 닥치면 한다' 주의자다. 정신 건강이 무척 좋은 친구다. 지금도 종종 연락을 주고받고 있다. 나중이 어떻게 될지 무척 궁금한 친구 중 한 명이다.

03

/

미루고 싶기만 했던 은퇴를 10년 앞당겨라

몇 년전부터 사람들의 입에 자주 오르내리는 단어 중 하나가 각자도생이다. 좋은 말은 아니지만 일상 대화에서 자주 듣게 되는 말이 돼버렸다. 최근 2년간은 코로나의 영향으로 이 말이 더 현실적으로 다가왔다. 멀쩡한 사람들이 백신으로 죽어 나갔다. 안타깝지만 그게 현실이었다. 국가는 백신을 공급했지만 그 후유증까지는 거의 손놓고 있었다. 백신 맞는 것이 마치 러시안룰렛 같다고 표현한 의사도 있었다.

정부에서는 백신접종을 적극 권장했지만 누구에게 어떤 부작용이 있을지 아무도 모르기 때문이다. 그저 이상이 없기를 운에 맡기는 수밖에 없었다. 죽어 나간 사람만 억울할 뿐이다. 그런데 우리 사회는 코로나가 오기 전부터 이미 각자도생의 삶을 살고 있었다. 코로나에 의해서 잠시 관심이 돌려져 있었을 뿐이다.

코로나와 별개로 여전히 직장인들은 회사를 그만두면 무엇을 할 것인 가를 두고 고민이 많다. 정년까진 직장이란 울타리가 있지만 퇴직 이후 엔 회사가 우리의 미래까지 책임지지 않는다. 그렇다고 국가가 우리를 책임질 것인가? 국가에서는 국민을 위해 정책을 수립하고 집행하지만 각 개인을 디테일하게 책임지지 않는다. 국민 각자도 국가가 나를 책임 질 거라는 기대를 갖지 않는다. 사실 국가나 회사가 각 개인의 미래까지 책임져줄 능력이 못 된다고 보는 게 맞을 것이다. 그래서 개인은 각자도 생을 생존을 위한 전략의 하나로 채택할 것이다. 내 살길은 내가 알아서 찾는다가 차라리 속 편할 것이다. 그것이 현실적이고 합리적인 방편으로 보인다.

이런 사회 분위기와 전혀 무관하게 사람들에게 어떤 상태가 되면 행복 하겠느냐고 물으면 막상 대답을 잘 못 한다. 막연하게 돈이 많았으면, 건 강했으면 하고 말끝을 흐린다. 행복이란 단어가 요즘 잘 떠오르지 않는 다. 그래서 "언제 행복하세요?" 물으면 "행복이 뭐예요?"라고 반문할 것 같다. 평소에 자신이 이루고 싶은 꿈, 희망 이런 걸 생각할 여유가 없이 살고 있다.

나도 한때 직장에 더 오래 다니는 것, 급여가 조금 더 오르는 것, 다른 직업을 갖는 것과 같은 소박한 꿈을 꾸었다. 내가 처한 환경에서 오는 상상력의 한계일 것이다. 그나마 조금이라도 실현 가능한 것들이다. 지금 내딛고 있는 현실에서 벗어나기란 쉽지 않은 것이다.

10년 전쯤 동료 직원과 구내식당에서 점심 먹던 중 서로 주말에 뭘 하는지 대화를 나누었다. 그 직원은 주말에 대형 운전면허와 중장비 면허를 따려고 학원에 다닌다고 했다. 이유를 물어보았다. 그랬더니 "혹시 알아요? 중간에 그만두게 될지?"란 대답이 돌아왔다. 직장인들의 꿈은 대부분 이렇게 소박하다. 자신의 처지를 획기적으로 뛰어넘는 상상을 잘 안 한다.

그러나 만약, 재수가 너무 좋아서 알라딘의 요술램프에 나오는 요정이 나에게 나타나 "너의 소원이 무어냐? 세 가지만 말하라 그러면 내가 들어 주겠다." 한다면 나는 어떤 행동을 취할 것인가 상상을 해보았다. 아마도 현실적으로 절대 불가능한 것을 달라고 할 것이다.
확실한 것은 경솔한 대답을 안 하려고 할 것 같다. 그 자리에서 즉답했다가 후회할까 봐 최대한 시간을 달라고 할 것 같다. 이럴 줄 알았으면 평소 버킷리스트를 적어 놓을 걸 하고 후회해 가며 잊어버릴까 염려가 돼서 종이에 적을지도 모르겠다.

우리는 평소에 내가 무엇을 원하고 무엇을 해야 행복한지 정해놓지 않고 산다. 반대로 살고 있다. 주어진 환경에서 가장 좋은 것이 무엇인지 주어진 환경에서 최선을 찾고 있다. 현실을 자각할수록 세상은 내 마음대로 되지 않겠구나 원하는 대로 살 수 없구나 하고 꿈을 포기하며 살게 된다.

이유는 나의 꿈을 이룰 수 있는 수단이 마땅치 않기 때문이다. 우리 사회에서 비중이 극히 적은 금수저들만 부모덕에 꿈을 이루며 살아갈 수도 있다. 하지만 인간은 그런 식으로 오는 행복은 원치 않는다. 행복은 공짜로부터 오지 않는다. 자기가 이룬 성공이 아니면 정상적인 보람을 느낄 수가 없는 것이 인간이기 때문이다.

각자도생의 암울한 현실에서 흙수저들이 먼저 해야 할 일은 내가 뭘 해야 행복한 사람인지 정해야 한다. 그다음에는 그 행복을 이룰 수단을 찾아야 한다.

사람들은 행복의 조건으로 먼저 돈을 떠올린다. 결코 부정할 수 없다. 돈이 없으면 행복할 수 없다. 그런데 돈이 부족하지 않으면 행복한가? 그렇지 않다. 돈을 쓸 시간이 없으면 행복하지 않다. 고소득 전문직 종사자들이 반드시 행복하지는 않다. 왜냐하면 그들도 일반근로자들과 마찬가지로 시간과 소득을 맞바꿔야 하기 때문이다.

심리학자들에 의하면 행복은 돈의 액수가 아니라 시간에서 온다고 한다. 돈 부자보다는 시간 부자가 더 행복감을 느낀다.

나는 종종 프로 스포츠 경기 뉴스를 볼 때면 평일 대낮에 경기장에 와서 구경하는 사람들이 궁금했다. 평일 날 대낮에 열리는 운동경기를 본다는 건 회사원들이라면 상상도 못 할 일이다. 도대체 저 사람들은 뭘 하는 사람들인가? 갈 데가 없는 실업자들인가? 궁금하기도 하지만 한편으론 팔자 좋은 사람들일 수도 있겠다 싶었다. 아무튼 대단히 부러운 사람들이란 생각을 많이 했다. 아무리 돈이 많은 전문직 종사자라도 바빠서 여유를 즐길 시간이 없다면 시간으로부터의 자유를 찾으러 나설 것이다.

시간적 여유가 없으면 행복을 느낄 수가 없다. 그렇다면 시간적 여유는 어떻게 얻을 수 있는가? 다시 돈 문제가 대두된다. 돈을 벌되 내 노동과 관계없이 소득이 발생해야 시간적 여유가 발생한다. 즉, 매일 일하지 않아도 발생하는 수입이 넉넉할 때 가능하다. 연금으로 시간적 경제적 자유는 얻기 힘들다. 연금 외에 죽을 때까지 매월 발생하는 소득이 넉넉할 때 비로소 시간적 경제적 자유가 오는 것이다.

요즘은 사회 초년생들도 자산소득이란 말을 꺼내고 있다. 자산소득이란 내가 일을 하지 않아도 내가 보유한 자산에서 발생하는 소득을 말한다. 자산소득이란 쉽게 얘기한다면 대표적인 것이 건물 임대료라고 할 수 있다. 요즘 대중에 많이 알려진 성공한 연예인들이 건물 사는 데 열을 올리는 이유는 비노동 수입으로 대표적인 것이 임대 수입이기 때문일 것이다. 한때 조물주 위에 건물주란 우스갯소리가 유행할 정도로 자산소득자의 대표적인 유형이라고 할 수 있다.

임대료 수입 외 주식 배당금, 인세, 저작권료, 특허권료 등도 자산 수입 이라고 할 수 있다. 하지만 이러한 소득은 아무나 누릴 수 있는 것이 아니다. 역시나 특별한 재주가 있거나 재산이 많은 사람만 누릴 수 있을 것 같다. 부모로부터 건물을 물려받은 게 아니라면 젊을 때부터 건물주가 되도록 투자를 잘하거나 주식을 많이 사놓거나 글재주가 좋아서 책을 많이 써 놓거나 특별한 지식을 쌓아 놓거나 해야 한다.

이런 범주에 들어가지 않으면 자산 소득을 얻을 수 없는가? 그렇지 않다고 본다. 나 같은 경우는 진작에 접할 기회가 있었으나 가치를 뒤늦게 발견한 수단이 있다. 바로 나만의 네트워크를 구축해서 자산소득을 발생시키는 것이다. 아직까지 자산소득을 축적하는 데 공을 들이지 않은 사람들에게 자신이 원하는 삶을 쟁취하기 위한 수단으로 남겨져 있다. 요즘은 전문직 종사자들도 많이 뛰어들고 있다.

나의 경우 글을 씀으로 인해서 발생하는 인세 수입도 추가할 수 있다. 두 가지 모두 나이에 관계 없이 시작할 수 있는 장점이 있다.

요즘 각광 받는 AI, 메타버스 기술은 은퇴를 앞둔 사람들에겐 가까이 하기엔 너무 먼 당신이다. 그 분야에 뒤늦게 뛰어든다고 해도 아무도 불러주지 않는다. 젊고 머리가 잘 돌아가는 청년들이 있는데 굳이 머리가 굳고 몸이 싱싱하지 않은 사람을 쓸 이유가 없기 때문이다.

나이가 들수록 희망적인 직업, 오늘보다 내일 내일보다 모레 시간이 갈수록 소득이 늘어나는 일을 시작해야 우리의 꿈을 이룰 수 있다. 처음엔 미약하고 비전이 안 보여도 참고 견디면 언젠가 좋은 날이 오는 그런 일을 찾아서 해야 한다. 이것이 은퇴를 앞당기는 방법이다.

04

/

내가 바꿀 수 없는 과거는 흘려보내자

누구나 과거에 저질렀던 실수에 대해서 회한의 감정이 들 때가 있을 것이다. 나는 실수도 있었지만 선택을 잘 못해서 후회할 일을 만들었던 일이 많이 있었다.

직장인으로 사회생활을 막 시작했을 때 특히 실수가 많았다. 군대에서 신병이 들어오면 처음에 군기를 잡듯이 신입직원이 들어오면 일종의 군기잡기 식으로 골탕을 먹이는 경우가 있다. 고참이 보기에 마음에 안 드는 면이 있으면 참았다가 신참 직원이 도저히 해결하지 못할 때 나 몰라라 하는 것이 하나의 방법이다. 그리고 아주 사소한 실수를 침소봉대해서 마치 큰일이 난 것처럼 호들갑을 떨어서 신참을 당혹스럽게 만드는 것이다. 그렇게 오버하는 선배들이 있었다.

출납 주임 때 출납장을 수기로 작성했다. 담당 책임자가 장부는 절대로 수정하면 안 된다고 했는데, 숫자를 잘못 써서 수정을 하지 않으면 안 될 상황이 발생했다. 미리 자수를 해서 붉은 색 볼펜으로 두 줄 긋고 고치면 안 되겠냐고 하니 불같이 화를 냈다. 이미 엎질러진 물인데 수정하지 않으면 어쩌겠는가, 업무를 하다 보면 절대로 안 되는 건 없다.

내가 볼 때 그 책임자는 미리 경고를 하고 내가 실수했을 때 그걸 빌미로 군기를 잡고 싶었던 것으로 보였다.

당시엔 토요일에도 오전까지 근무했다. 어느 토요일 날 평소엔 잘 맞던 출납 시재가 잘 안 맞았다. 하필 책임자가 그날 약속이 있으니 빨리 맞춰달라고 했다. 토요일이어서 모두들 들떠 있는데 시재가 안 나오니 퇴근을 못 하고 나만 쳐다보고 있었다. 모든 원망을 내가 다 들어야 했다. 그리고 책임자는 더 방방 뜨고 난리를 쳤다. 진땀을 흘리며 간신히 수습했다. 순간 누가 장난을 치는 것 같다는 생각이 스쳤다.

내가 생각해도 당시에는 좀 어리바리해서 억울해도 감정 표현을 제대로 못 했던 것 같다. 이렇게 감정을 억누르다가 폭발하면 꼭 엉뚱한 결과를 초래했다.

당시 출납, 교환을 거쳐 외환업무를 보게 되었다. 남자 2명, 여자 1명 이렇게 셋이서 같이 근무했다. 자리는 여직원이 가운데, 남직원 둘은 좌우에 각각 앉았다. 외환업무가 처음인지라 고참인 두 직원에게 업무를 배워가며 익혔다.

그 여직원은 아침에 출근하면 책상 위를 걸레질했는데 자기 책상을 닦은 후에 옆의 고참 직원만 닦아주었다. 내 책상은 빼놓고 걸레질을 하는 것이었다. 이왕 하는 거 내 것까지 닦아주면 안 되겠냐고 하니 거절했다.

그동안 업무를 하며 서로 간에 갈등이 있었다. 나는 그 스트레스를 남자 고참 직원과 맥주를 마셔가며 풀었다. 당연히 그 여직원의 흉을 보며 안주거리 삼았다. 그런데 그때마다 나의 불만에 확실히 동조는 안 했다. 나는 속으로 '이분은 정의의 사도인가, 성격이 좋으셔서 참고 계신가?' 하며 의아하기도 하고 섭섭하기도 했다.

내 책상도 같이 닦아달라는 부탁을 거절당하자 나도 그때까지 참았던 것이 폭발했다. 걸레를 뺏어서 내 책상을 닦은 다음 그 여직원에게 던져버렸다. 지점이 소란해졌다. 여직원은 울면서 뛰쳐나가고 남직원은 달래러 나갔다.

그 두 사람은 연인관계였었다. 철저히 숨겼지만 눈치 빠른 사람들은 이미 알고 있었다고 했다. 두 사람의 평소 행동은 가까이에서 보면 동료 직원 간에 충분히 있음직한 행동으로 보였지만 멀리서 보면 두 사람 간의 행동에 낌새가 보였던 것이다. 두 사람이 연인관계여서가 아니라 그 여직원에게 정중히 미안하다고 사과했다. 그것으로 관계가 회복되고 잘 지내게 되었다. 전화위복이 된 것이다. 나는 내가 결코 성격이 모가 난다고 생각하지 않는데 아주 가끔 분노를 터뜨리는 게 일이 크게 벌어질 때가 있어서 억울한 면이 있다. 누구는 나보다도 성질이 급하고 화를 자주 내는데도 멀쩡한데 사회생활 요령 부족이라서 그렇다면 할 말이 없다.

나는 대학생 때부터 술과 담배를 모두 했다. 담배를 20년 가까이 피웠다. 지금 생각해보면 직장생활 시작할 때부터 항상 피곤해했던 것은 담배가 주요 원인이었던 것 같다. 저녁에 회식이 있는 날에는 그 자리에서만 한 갑을 피워댔다. 90년대 초중반 때까지만 해도 지점 내에서 담배를 피웠다. 그때는 모든 직원이 자리에서 고객과 맞담배를 피웠기 때문에 전혀 이상하지 않았다. 피곤한 몸을 이끌고 집에 오면 또 내 방에서 피웠다. 피곤하면 그냥 자야 했는데 자기 전에 꼭 담배를 피우고 잤다. 몸 안에 쌓인 니코틴은 주말에 사우나에 가서 땀으로 배출했다. 그래서 주말에는 반드시 사우나를 해야 했다.

나는 결혼 후 첫째 아이 낳고 나서도 계속 담배를 피웠는데 어느 날 갑자기 극적으로 담배를 끊게 되었다. 어느 크리스마스 이브날 술을 잔뜩 마시고 들어와 TV를 켰다. 그런데 하필이면 금연 캠페인 광고를 보게 되었다. 내용은 500cc 맥주잔에 담긴 끈적끈적한 까만색 타르를 누군가 마시는 장면인데, 멘트는 "당신이 담배를 1년 동안 하루 한 갑을 피웠다면 이만큼의 타르를 마신 겁니다"였다. 그 순간 구역질이 나서 토할 뻔했다. 신기하게 그 다음부턴 담배 생각이 안 났다.

다음 날 부서에 가서 금연을 선포했다. 아무도 안 믿었다. 그래서 내기를 했다. 2주일 동안 내가 담배를 한 번이라도 피우면 내기에 참여한 모든 사람에게 단란주점에서 술을 사고, 안 피우면 각자 한 사람씩 나를 호텔 뷔페에 데려가기로 한 것이다. 그만큼 내가 못 지킬 것을 장담한 것이었다. 중간에 회식 날이 고비였다. 어떻게든지 담배를 피우게 하려고 공작을 폈다. 일부러 내 얼굴에 담배 연기를 뿜고 담배에 불을 붙여서 주며 한 대 피우라고 권했다.

결국 시험을 이겨내서 같이 저녁 식사 한 번 하는 것으로 끝을 냈다.

담배를 끊은 것이 직장생활 후 10년이 지나서였으니 그때까지는 내 몸이 술 담배로 찌들었다고 하는 것이 맞을 것이다. 자기계발을 위해 시작했던 자격증 공부나 대학원 과정을 끝까지 해내지 못한 이유가 따지고 보면 내 저질 체력에 기인한다고 볼 수 있다. 피곤하니까 집에 가서 쉬고 싶은 것이다. 술, 담배, 야식 같은 것을 더 절제해야 했다.

아버지는 뇌졸중을 2차례 겪으셨다. 1차 때는 가볍게 와서 거동이 약간 불편한 것 빼고는 말도 정상적으로 하셨다. 주로 집에만 계셨는데 나는 저녁 늦게 집에 와서 잠깐 얼굴만 보고 내 방에 들어가 쉬었다.

아버지는 쓰러지시기 전에는 나갔다 들어오실 때 꼭 먹을 것을 사 오셨다. 군고구마나 군밤, 치킨 등 길거리에서 눈에 띄면 꼭 뭘 들고 오셨다. 반면 나는 먹을 것을 잘 안 사는 스타일이었다. 아버지는 하루종일 집에만 계시다가 내가 뭐라도 사 가지고 들어오나 기대하셨던 것 같다. 그런데 어느 날은 "집에 먹을 것 좀 사와라 인마." 하셨다. 한 번도 먹을 것을 안 사가지고 들어오니 짜증을 내셨다. 알겠다고 했지만 그때는 왜 짜증을 내시는지 이해하지 못했다.

그리고 주말이면 가급적 아버지를 모시고 사우나에 갔다. 토요일 날 퇴근 후 집에 오면 아버지는 으레 갈 줄 알고 사우나로 앞장 서셨다. 어느 날도 아버지는 당연히 갈 줄 알고 옷을 입으시는데 내가 갈 생각을 안 하니 손짓으로 빨리 가자고 하셨다. 그런데 그날은 내가 할 일이 있어서 못 간다고 했다. 그때 실망하시는 아버지의 얼굴 표정이 잊혀지지 않는다. 웬만하면 그냥 열 일 제쳐놓고 가지 왜 안 갔던가. 그때만 생각하면 회한이 밀려온다.

후회할 일이 어디 한두 가지일까? 그렇다고 과거를 뜯어 고칠 순 없다. 단 과거의 경험에서 배울 수는 있다. 바꿀 수 없는 일을 후회만 하는 것은 막대한 에너지 낭비일 뿐이다. 그럼에도 정말 많은 사람들이 과거에 대한 후회와 아쉬움에 사로잡혀 살아간다.

'그일'만 없었다면 에서 그일 때문에 내가 성장했지로 생각의 프레임을 전환해야 한다.

끔찍했던 경험이든 좋았던 경험이든 모두 과거일 뿐이다. 끔찍했던 경험에서 배우고 좋았던 경험을 회복하는 것, 그것만이 우리가 할 일이다.

과거 일을 통해서 앞으로 하지 말아야 할 일, 내가 할 수 있는 일이 무엇일까 찾아야 한다.

05

/

찾으라, 그러면 보인다

지금, 현재 자신의 모습이 만족스럽지 않다면 그래서 자기 자신이 변화가 필요하다고 느끼는데 당장 무엇부터 해야할지 모르겠다면 글쓰기부터 해야 한다.

나는 늘 자신에 대해서 불만이었다. 직장에서 잘나가는 것도 아니고 노후에 돈 걱정 안 할 정도로 재테크를 잘해놓은 것도 아니었다. 그렇다고 해서 자기계발을 위해 대학원에 가서 학위를 취득한다거나 자격증 취득을 위해 실제로 액션을 취하지도 못했다. 인터넷에서 해당 학위나 자격증을 조회해보면 부정적인 정보가 많이 제공되기 때문이었다. 뭘 하든 만족할 것 같지가 않았다.

전문 자격증을 취득하려면 노력과 시간을 집중적으로 2년 이상 쏟아부어야 하는데 그럴 자신이 없었다. 먼저 체력을 고려해봤는데 영 자신이 없었다. 그리고 합격 후에 그 자격증으로 돈벌이가 쉽지 않겠다는 결론을 내렸다.

50대 이후 퇴직자들에게 제공하는 인기 있는 자격증 정보들을 차례로 검색해보면, 나름 의미 있는 정보들이 많았다. 숲해설가, 스마트팜 운영자, 시니어 여행 전문가 등 생소하지만 해보면 재미있을 것 같은 자격증에 시선이 가기도 했다. 하지만 수입이 미미해서 취미형 자격증이라 실제 자격증 취득해봐야 별 도움이 안 될 것 같았다.

금융권에서 30년 넘게 근무하고 퇴직한 분이 퇴직 후 어떻게 생활하고 있는지 유튜브에 나와 인터뷰한 것을 본 일이 있다. 본인은 퇴직 후 30년 이상 했던 일과 관계없는 일을 하고 싶어서 지게차 운전 자격증을 땄다고 했다. 구인공고가 많은 자격증 순위 1위이고 퇴직자들이 실제 많이 취득하는 자격증이다. 그런데 1년 이상 현장에서 작업하고 나니 허리가 아파서 더이상 일하기가 어렵더라는 것이다.

사실 나도 어느 정도 같은 생각을 했다. 정년퇴직 후에는 은행과 관련이 없는 일이 하고 싶어서 지게차 운전 기능사, 1종 대형 자동차 운전 학원을 알아보러 다니기도 했었다. 그런데 그 인터뷰를 보고 나서 주저하게 됐다. 혹시나 젊었을 때부터 했다면 모를까 정년이 지나서는 육체적으로 한계가 있겠다 싶었다. 그렇다고 아주 생각을 접은 것은 아니다. 그런 기능은 꼭 생계 수단이 아니더라도 언젠가 꼭 배우고 싶은 욕구가 있다.

나는 군 생활을 KATUSA로 미군 부대에서 했다. 미군 부대 내에는 한국인 민간인도 많이 근무했다. 이들도 노동조합이 있었는데 종종 파업을 했다. 주로 처우개선과 임금인상 문제로 파업을 했는데 미군들과 임금인상 협상에서 뜻대로 되지 않으면 파업을 했다. 파업 기간 동안에는 군부대와 대도시를 왕복하는 셔틀버스 운전을 미군에게 시켰다. 한국인 민간인들이 하던 일을 군인으로 대체시키면서 돌파했던 것이다. 당시 내가 부러웠던 것은 같이 근무하던 미군 중 하나가 대형면허 소지자여서 버스 운전기사로 차출된 것이다. 그 친구는 버스뿐만 아니라 트레일러나 석유를 나르는 유조트럭까지 능숙하게 운전할 줄 알았다. 나는 그 친구가 운전기사로 빠진 자리를 내가 대신 메꿔야 하는 억울한 마음보다 기계라면 뭐든지 잘 다루는 그가 그렇게 멋있게 보일 수가 없었다.

나도 트레일러 운전병이 될 뻔했다. 보직이 유류보급 행정병으로 빠져서 당시엔 무척 다행이라 생각했다. 트레일러 운전병들은 군기가 나름

쎄고 행정병보단 육체적으로 고된 일이었기 때문이다. 그러나 미군들이 기계를 잘 다루는 모습 그리고 트레일러 운전병이 된 입대 동기들과 만나서 그들의 무용담을 듣다 보면 나도 트레일러 운전이나 배울걸 그랬나 싶은 생각이 들었다. 그래서 언제간 나도 트레일러나 대형차량 면허를 따야겠다고 생각했다.

임금 피크 진입 후 근처에 있는 공공도서관이나 대형서점에 가서 책을 보는 게 좋았다. 얼핏 봐도 나보다 연세 드신 분이 꽤 많이 눈에 띄었다. 대부분 특별히 갈 데가 없거나 책이 많이 꽂혀 있는 장소에 가면 그냥 힐링이 되기 때문일 것이다. 나도 그랬다. 가면 뭐부터 봐야 될지 모를 정도로 책이 엄청 많다. 이 많은 책을 언제 다 보나 하면서도 하나라도 빠트리면 안 될 것 같은 조바심이 있었다. 책에서 내가 구하는 답을 구할 수 있을 것 같았기 때문이다.

그래서 오늘은 여기부터 저기까지, 내일은 저기부터 또 저기까지 하면서 나름대로 순서를 정해가며 내가 여기 있는 책은 제목이라도 한 번씩 모두 훑어보리라는 마음으로 도서관엘 다녔다. 요즘은 구입할 책이 있으면 굳이 서점에 가지 않아도 쿠팡 같은 온라인 쇼핑몰에 주문하면 바로 다음 날 집 대문 앞에 도착한다. 그래도 나는 웬만하면 대형서점에 가서 직접 구입하거나 책 살 일이 없어도 윈도우 쇼핑을 즐긴다.

어느 날 서점에 책을 사러 갔다가 우연히 책 제목이 흥미로워서 책 하나를 집어 들었다. 책 제목은『내가 제일 잘한 일은 책을 쓴 일이다』였다. 책 내용이 궁금해서 원래 사려던 책과 같이 사기로 했다. 그리고 집에 와서는 그 책을 먼저 읽었다. 책 내용은 작가가 아닌 평범한 사람들이 책을 쓰면서 변화된 자신들의 이야기를 담은 것이었다.

우리는 책은 작가들이 쓰는 것으로 안다. 나도 당연히 그런 줄 알고 살아왔다. 하지만 자세히 작가들의 세계를 들여다보니 반대였다. 유명해서 책을 쓰는 것이 아니고 책을 써서 유명해지는 경우가 대부분이었다. 그리고 반드시 전문지식이 있거나 학위가 있어야 쓸 수 있는 것이 아니었다. 오히려 그 반대다. 전문지식이 있는데 저서가 없으면 전문지식이 있는지 아무도 알 수가 없다. 교수 중에서도 강의는 잘하는데 개인 저서가 없으면 별로 대우를 못 받는 경우가 있고 반대로 강의는 잘 못하는데 책이 잘 팔려서 유명한 교수가 되는 것과 같은 이치다.

지금까지 살아오면서 주로 남들이 쓴 책이나 신문 사설, 칼럼 등을 열심히 읽어왔다. 주로 글의 소비자로서 살아왔는데 생산자가 될 수 있다는 발상의 전환. 이것이야말로 나에게는 획기적인 사고의 전환이었다. 그 수많은 책들을 언제 다 읽나 한탄하였는데 왜 글을 쓴다는 생각을 못 했을까? 책을 내기 위해 반드시 수준 높은 글을 써야만 한다는 관념이 있었기 때문일 것이다.

하지만 책은 아무나 쓸 수 있다. 평범한 사람이라도 누구나 쓸 수 있는 것이다. 사실 처음엔 누구나 평범하다. 극히 드물게 나면서부터 특별한 재주가 있는 사람도 있지만 거의 대부분 평범하게 태어난다. 성장하면서 누구는 열심히 노력해서 특별한 사람이 될 수도 있다. 그렇지만 지금은 자신이 평범하다거나 지금까지 잘못 살아왔다고 생각하는 사람조차 책을 쓰면 달라질 수 있다.

자기가 쓴 책이 베스트 셀러가 되지 않더라도 책을 써야 하는 이유가 있다. 오히려 수많은 책 중에 베스트 셀러가 되지 않는 경우가 훨씬 더 많을 것이다. 나는 초등학교 이후 일기를 쓴 적이 없다. 글을 읽는 것은 좋아했는데 쓰기를 귀찮아했다. 머리를 써야 하고 시간이 걸리기 때문이다. 항상 뭔가에 쫓기듯 살아와서 마음의 여유가 없었기 때문이다. 그리고 SNS도 일부러 하지 않았다. 내 사생활을 굳이 노출하고 싶지도 않았고 그저 이 땅에서 루저로 살아가도 그분만 나를 기억해주신다면 족하다고 생각하며 살았기 때문이다.

지금 뭘 해야 할지 모른다면 글쓰기부터 시작해야 한다. 글의 수준이 반드시 높아야 한다는 부담감을 가질 필요가 없다. 그저 진솔하게 일기 쓰듯이 시작하면 자신도 모르게 글 쓰는 것에 대한 거부감이 줄어든다. 필력도 향상된다. 자신의 이야기를 쓰다 보면 자기 인생이 정리가 된다.

그제서야 자기도 몰랐던 자신에 대해 더 알게 되고 앞으로 무엇을 할 것
인가에 대한 답을 얻을 수 있다.

　먼저 자기가 쓴 책을 한 권 내고 난 후에는 무슨 일을 해도 늦지 않다.
자격증을 따든 학위를 받는 사업을 하든 상관없다. 먼저 해야 할 일은 자
기의 이야기를 쓰는 것이다.

06

/

적극적인 태도가 초조 불안을 잠재운다

사람이 초조하고 불안해하는 이유는 뭔가가 자신이 원하지 않는 형태로 진행될까 봐 걱정하기 때문이다. 어느 누구도 불안·초조해본 적이 없는 사람은 없을 것이다. 자신이 희망하거나 자신이 원하는 일이 모두 다 이루어질 거라고 믿고 또 항상 이뤄져 온 사람은 없기 때문이다.

중고등학교 시절 항상 전교 1등만 하고 최고의 대학을 나와서 고시를 한 번에 패스한 사람이 있었다. 이 사람은 자기가 마음먹은 것은 그대로 모든 것을 이루었다. 그러나 결국 스스로 생을 마감했다. 이유는 세상이 너무 재미가 없어서였다. 실제로 있었던 일인지 아니면 누가 꾸며낸 얘기인지 모르겠으나 모든 일이 자기 입맛에 맞게 척척 이루어진다고 너무 부러워하지 말라는 얘기로 들린다.

데일 카네기는 『자기관리론』에서 뉴욕주 시러큐스의 세계적으로 유명한 캐리어 사의 회장 윌리스 H. 캐리어가 만들어낸 '걱정스러운 상황을 해결하는 비법'을 소개했다.

1단계, 그 상황을 대담하고 솔직하게 분석하고 실패의 결과로 발생할 수 있는 최악의 경우를 생각한다.

2단계, 발생할 수 있는 최악의 경우를 생각한 후에 필요하다면 그것을 감수하기로 마음먹는다.

3단계, 그 이후부터 받아들인 최악의 상황을 개선하기 위해 차분한 마음으로 시간과 힘을 쏟는다.

결국 원치 않지만 발생할 수 있는 모든 가능성 중에서 가장 최악의 상황이 일어나더라도 기꺼이 받아들일 각오를 할 때 우리는 마음의 평화를 얻을 수 있다는 것이다.

나도 한때는 불안 초조에서 헤어나지 못할 때가 있었다. 대기업 직원이나 은행원들도 저성과자를 조기퇴직시키던 때가 있었다. 지금은 본인이 희망하는 경우에만 조기퇴직 하지만 불과 몇 년 전만해도 본인 희망과 관계없이 퇴직시킬 때가 있었다. 연초가 되면 전년도 성과가 안 좋은 사람들은 그야말로 가시방석이었다. 언제 전화가 올지 모르기 때문이다.

10여 년 전 같은 지점에서 일했던 동료가 바로 옆에서 전화를 받았다. 나이가 비슷해서 같이 술 마시고 어울렸던 직원이었는데 갑자기 통보를 받은 것이다. 결국 체념하고 스스로 나갔는데 그 모습이 너무도 안돼 보였었다. 한마디로 '지못미'의 기분이었다. 한동안 너무 안됐다는 생각에 나까지 기분이 가라앉았다.

그 일로 인해 스트레스가 심해졌다. 승진 못한 것을 한탄할 때가 아니라 이젠 짤릴 것을 걱정해야 할 판이 된 것이다. 다음엔 내 차례인가 싶어 한동안 심난했다. 그래서 접한 책이 데일 카네기의 『자기관리론』이었고 도움이 많이 됐다. 최악의 경우 조기퇴직을 당하더라도 받아들이자는 각오가 돼 있었다.

한때 모셨던 지점장 중 아직도 기억에 남는 분이 있다. 그 지점장은 지점 실적이 나쁘면 입에서 나오는 말버릇이 "굶으면 될 거 아냐"였다. 실적이 안 좋으면 보통 책임자들을 닦달하는데 그분은 책임자들 앞에서 그말을 주문처럼 읊조렸다. 지금에 와서 그 말뜻을 되새겨보면, 그분이 보릿고개 세대여서 밥을 굶는 고통을 아는 건지 최악의 경우를 미리 생각하고 차분히 최악의 상황을 벗어나려는 의지의 표현이었던 것이다.

데일 카네기가 소개했던 '걱정스러운 상황을 해결하는 비법'이 최악의 상황을 고려한 수동적인 방법이었다면 보도 섀퍼의 『멘탈의 연금술』은 초조·불안을 잠재우는 적극적인 방법을 제시한다.

"생각이 행동을 만들면 안 된다. 언제나 행동이 생각을 만들어야 한다."

아예 최악의 상황을 상상하지 말고 뭔가 일을 벌이고 움직이란 뜻이다. 두려움을 다루는 최선의 방책은 적극적인 행동이다.

6년 전쯤 막 수영을 배우기 시작할 때였다. 처음 물장구를 시작으로 호흡을 익히는 도중이었다. 당시 주중 수영강사와 토요일만 알바로 뛰는 강사가 따로 있었는데, 토요일의 강사가 갑자기 초급반 강습자들에게 반대편 끝까지 가라고 시키는 것이었다. 그때 강습자들은 우리는 아직 물장구반이기 때문에 못 한다고 했다. 다시 강사가 호흡법은 익혔냐고 물어서 호흡까지만 했다고 했다.

그랬더니 강사는 "알았어요. 그냥 출발하세요." 하는 것이었다. 그래도 강습자들이 주저하자 더 이상 말로 하지 않았다. 계속 호루라기로 출발하라고 재촉했다. 여성분들이 안 하니까 하필 내가 그다음 선두주자여서 먼저 물로 뛰어들었다. 아무 생각 없이 배운 대로 호흡하며 헤엄쳐갔다. 수영하면서도 어디까지 해야 하지? 이러다 끝까지 가겠네? 생각을 하다가 반대편 끝에 다다랐다. 내가 배운 대로 수영해서 반대편까지 간 것은 분명 행동이 먼저였다. 생각은 수영을 하면서 하게 되었다. 그 한 번의 시도 이후 수영하는 게 재미가 들렸다.

그 후 인사이동으로 다른 부서에 갔을 때 또 한번의 선택의 기로에 놓이게 됐다. 근처 체육센터에서는 저녁 시간에 아쿠아로빅 강좌가 개설되어 있었다. 전부터 아쿠아로빅을 한번 해보고 싶었는데 시간대가 안 맞았고 수강자들이 전부 노인들이어서 할 수가 없었다. 그런데 그곳은 업무시간 끝나고 가능했고 인원도 20명 안팎의 소수였기 때문에 할 만했다. 단, 수강자들이 모두 여성들이었다. 등록하기 전에 강사를 먼저 만나서 상담했다. 강사분은 수영선수 출신이라 운동으로 단련된 신체에 외모도 화려해서 일단 주눅이 들었다. 먼저 남성들도 한 적 있냐고 물어봤다. 그동안 몇 명 있었는데 한 달 이상을 못 버티고 그만두더라는 것이다. 그러면서 나에게 남의 시선 신경 쓰지 말고 오로지 건강을 위해 운동만 신경 쓰라고 했다. 그리고 외국의 경우 여자 남자의 비율이 50대 50인데 우리나라만 유독 여성들 특히 노인들만 하는 운동으로 변질이 돼서 안타깝다고 했다.

나는 조금 망설이다가 일단 저지르자는 마음으로 등록하고 첫 수업에 들어갔다. 첫날에만 어색했고 차츰 안면을 익히고 나니 전혀 문제될게 없었다. 문제는 내가 운동하고 있다는 소문이 나고부터 같은 부서 여직원들과 업무적으로 부딪치는 협력회사 여직원들이 아쿠아로빅이 하고 싶은데 나 때문에 못 온다는 것이다. 강사는 어차피 운동할 사람은 하게 돼 있다면서 핑계에 불과하니 신경 쓰지 말라고 했다. 아직까지 우리나라는 남자가 아쿠아로빅 강습을 받으려면 큰 결단이 필요하다. 생각을 오래 하지 말고 일단 물에 먼저 뛰어든 다음 생각하면 답이 나온다.

돌이켜보면 이때, 특히 아쿠아로빅 운동할 때 나의 컨디션이 제일 좋았던 때였던 것 같다. 물속에서 하는 운동은 밖에서 하는 운동보다 체력 소모가 3배 이상이다. 거기다가 관절에 부담이 적어 노인들이나 재활치료가 필요한 사람들에게 좋은 운동이 된다. 아쿠아로빅을 하고 나면 자신감이 생겼다.

두려움을 이기는 방법 중 가장 좋은 것은 자신의 체력을 단련시키는 것이다. 체력이 약하면 두려움이 더 커지고 도전적인 것보다 안정적인 것을 추구하게 된다. 체력단련을 위해 어떤 운동이든 몸을 움직여야 자신감이 생긴다. 기분이 가라앉고 컨디션이 안 좋을 때는 먼저 체력단련을 해야 불안·초조가 물러간다.

요즘 퇴직을 앞둔 중장년들은 막연한 두려움에 휩싸일 때가 많다. 노인층의 절반이 빈곤 상태로 살고 있다고 통계치로 나오기 때문이다. 우리가 걱정하는 일의 99%는 실제 일어나지 않는다고 한다. 그럼 이러한 막연한 두려움을 떨쳐내고 상황을 직시하기 위해 당장 시작해야 할 일은 체력 단련일 것이다.

/

메멘토 모리, 마지막을 먼저 계획하라

　죽음. 지금까지 살면서 가족이나 친인척, 지인들이 돌아가시는 모습을 실제로 본 적이 거의 없다. 1996년도에 아버지가 돌아가실 때 임종을 지킨 것이 처음이자 마지막이었다. 그런데 요즘은 어릴 때 나를 귀여워해주시던 삼촌, 이모부 등 친인척들이 한 분 두 분 유명을 달리하신다. 성인이 된 후, 특히 내가 가정을 꾸린 후에는 명절 때 외엔 얼굴 보기도 힘든 분들이었다.

　부고 소식이 오면 장례식장에 달려가 조의를 표한 후 며칠간 애도 기간을 갖고 다시 일상생활로 돌아갔다. 친인척이 아닌 선후배, 동료, 사회

생활을 하면서 알게 된 지인들 조사의 경우도 마찬가지다. 상을 당한 분들에 대한 도리를 다할 뿐이었다.

죽음이라는 것이 남의 일이 아닌 나의 일로 다가온 것은 3년 전부터다. 3년 전 늦여름 아내가 유방암 진단을 받았다. 유방에 뭔가가 잡힌다고 병원에 가봐야겠다고 했다. 그때만 해도 대수롭지 않게 그러라고 했었다. 그런데 막상 유방암이라는 결과가 나오자 적잖은 쇼크를 받게 되었다.

'암' 하면 먼저 죽음을 떠올리게 된다. 나도 그랬다. 아직 젊은 나이인데 너무 빨리 죽는 것이 아닌가, 나 혼자 아이들을 어떻게 키우지? 재혼해야 돼? 자꾸 이런 걱정만 먼저 떠오르곤 했다. 저녁에 혼술 하다가 나도 모르게 눈물을 흘린 적도 있었다.

다행히 아내의 경우는 비교적 조기에 발견한 케이스라 수술로 치료를 마친 상태다. 더더욱 다행인 것은 방사선 치료만 받고 항암치료는 받지 않아도 된다는 것이었다. 항암치료는 정신적으로나 신체적으로나 환자를 피폐하게 만든다. 항암제는 약효가 강력한 대신 나쁜 암세포, 정상세포를 가리지 않고 모두 박멸해버린다. 그로 인해 환자의 면역기능이 저하되고 또 다른 암을 유발하거나 병세를 더욱 악화시키는 악순환이 계속된다. 거기다 머리도 뭉텅이로 빠지기 때문에 아예 삭발하는 경우가 대부분이다. 여성의 경우 삭발한 자신의 모습 때문에 우울증에 빠진다고도 한다. 아내의 경우 외과적 수술, 즉 암 부위 절제로 일단 치료가 종료되었다. 계속 추이를 지켜보고 있지만, 천만다행이 아닐 수 없다.

우리나라의 유방암 발병률은 세계적으로 유례가 없을 만큼 높다. 대형 병원마다 유방암 전문센터가 있을 만큼 유방암 환자가 많다. 그런데 유방암은 다른 암에 비해 진행 속도가 빠른 편이 아니고 생존율도 높다. 그리고 암은 개개인마다 다 증상이 다르다. 같은 암이라도 환자 개개인에 따라 맞춤 치료를 해야 한다고 한다. 유방암의 경우 0기 환자인데 넓은 지역에 퍼져 있다면 가슴 전체를 절제해야 한다. 2기 환자라도 암세포가 한곳에 모여 있으면 부분 절제가 가능하다.

암이란 것이 외과적 수술이 가능하다면 일단 완치의 희망은 있다. 완치란 수술 후 5년 생존한 경우를 말한다. 그러나 다른 부위로 전이되면 현대의학으로는 아직 완치가 불가능하다고 한다. 그때는 치료가 아닌 연명의 단계로 가게 된다.

아내의 암 치료 과정은 막연하게 남의 일처럼 생각하던 암과 죽음을 내 문제로 인식하는 계기가 되었다. 메멘토 모리! 로마 시대 때 전쟁에서 승리하고 돌아오는 개선장군이 의기양양하게 행군할 때 군중들이 외쳤던 말이라고 한다. "죽음을 기억하라! 죽음을 기억하라!" 이게 무슨 말이겠는가. '너도 언젠가는 죽을 것이다.'라는 의미 아니겠는가.

우리나라 남성 5명 중 2명, 여성 3명 중 1명은 암으로 사망한다. 특히 남성은 70세가 넘어가면 절반은 암으로 사망한다고 통계에 나와 있다.

세계적인 면역학, 암 권위자인 전 서울대 교수 이왕재 박사가 강연에서 암에 대한 자신의 생각을 밝힌 적이 있다. 본인도 세계적인 의사지만 암에 안 걸릴 자신이 없다는 것이다. 그리고 자신은 말기 암 환자가 뼈만 앙상하게 남아 극심한 고통을 겪으며 처참하게 죽어가는 것을 너무나 많이 봐 왔기 때문에 본인은 절대로 암으로 죽고 싶지 않다는 것이었다. 듣는 것만으로도 공포였다. 죽는 것 자체도 공포인데 그 과정마저 고통이 극심하다니.

죽음은 누가 대신해줄 수 없다. 어린아이처럼 엄마 치마폭에 숨어 피해갈 수도 없는 문제다. 그러나 너무 고통스러운 죽음은 피할 수 있지 않을까. 죽음에 이르게 하는 질병이 어디 암뿐일까. 하지만 사람을 공포에 몰아넣고 극심한 고통 속에 죽게 하는 암만은 정말 피하고 싶다.

죽음 이후, 무엇이 기다리고 있을까? 사실 아내의 암 발병 전에는 애써 이 문제를 회피하며 살아왔다고 할 수 있다. 그러나 아내의 발병부터는 죽음을 정면으로 바라보기 시작했다. 피할 수 없는, 반드시 풀어야 할 문제로 다가왔기 때문이다.

나는 먼저 나의 신앙에서부터 해결책을 찾기 시작했다. 나는 대학 3학년 때 기독교 서클 활동을 하며 신앙 생활을 시작했다. 군 입대 전과 군 생활 기간, 제대 후, 직장생활 등 전환기마다 믿음의 크기가 달라지거나 생활 모습도 변화되는 등 냉온탕을 반복하는 생활을 해왔다.

최근에 가수 박진영 씨가 자신이 진리를 찾았다는 내용으로 강연하는 것을 보았다. 세상 사람들은 박진영 하면 재능이 많고 돈도 많은 유명한 스타로 본다. 그렇게 명성도 얻은 만큼 사람들은 자신을 남 부러울 것 없는 사람으로 본다고 한다. 하지만 자신은 항상 뭔가가 부족했다고 한다. 본인도 그것이 무얼까, 뭔지는 모르겠지만 한때는 심각해져 우울증이 올 뻔했다고 한다. 그래서 유명 스타들이 자살 충동을 느끼는가 보다 하며, 계속 답을 찾아 나갔다. 그러다 그것이 죽음의 문제라는 것을 알게 되었다고 한다.

지금은 잘나가는 스타지만 언젠가 끝이 올 거라는 생각을 하게 되었다는 것이다. 그래서 그는 답을 찾아 나섰다. 자신의 선입관을 배제하고 최대한 객관적으로 여러 종교를 비교해본 것이다.

결국, 박진영 씨는 여러 종교 가운데 모호하지 않게 명확하게 말해준 종교에서 진리를 찾았다고 한다. 진리가 자신을 자유케 했다며, 그동안 자신이 찾아 헤매던 답을 찾았다고 한다. 그리고 여러 사람에게 그 사실을 알리기 위해 강연까지 한다는 것이었다. 실제로 그는 2년 이상 그 문제에 매달려 답을 찾아냈다고 한다.

그의 결론은 내가 내린 결론과 같았다. 나는 우리가 살고 있는 3차원의 세상을 뛰어넘는 고차원 세상이 존재한다는 것, 우리가 사망하면 우리 영혼은 몸을 벗어나 원래 있던 곳으로 갈 거라는 것, 그것을 믿는다. 몇천 년 전부터 이미 그렇게 기록되어 왔다.

그다음은 믿음의 문제다. 가장 신뢰할 만한 기록을 믿으며 증거를 찾아 확신하게 되는 것, 그것이 죽음에 대한 공포를 이기는 것이다. 죽음이 공포로 다가오는 이유는 잘 모르기 때문이다. 실체를 알게 되면 공포에 질릴 이유가 없을 것이다. 박진영 씨도 늘 찜찜해하다 답을 찾아서 그 문제에서 해방된 것이라 본다.

나는 죽음 이후의 나의 모습을 확신한다. 그리고 이 세상에서 살 동안 내가 어떤 모습으로 마지막을 맞이할 것인가를 계획하게 되었다. 이왕이면 마지막까지 건강하게 살다가 고통 없이 저세상으로 가기를 누구나 희망할 것이다.

얼마 전 부친상을 당한 지인의 장례식장에 조문을 갔었다. 100세 가까운 연세에 돌아가셔서 장례식장이 그다지 무거운 분위기는 아니었다. 고인은 최근까지도 경제신문을 매일 꼼꼼히 읽으시고 중공의 대만 침공을 걱정하셨다고 한다. 더군다나 아파트 바로 옆 동에서 혼자 생활하셨는데, 어느 날 아침에 일어나지 않더라는 것이다. 자다가 돌아가신 것이다. 모두가 바라는 죽음의 모습이다.

세계적인 암 권위자도 암에 안 걸릴 자신이 없다고 한다. 절대 암으로 죽기 싫다는 그는 어떻게 질병을 예방하고 있을까? 그는 30년 이상 비타민 C를 복용하고 있다. 본인이 임상실험을 통해 비타민 C가 각종 암과 치매, 고혈압, 당뇨병 등 거의 모든 질병에 효과가 있다는 것을 밝혀내고 국제 학술지에도 발표했다. 특히 코로나 예방에도 효능이 있다고 한다.

비타민C 섭취는 다다익선이라고 하는데 나의 경우 하루 3,000밀리그램 이상의 비타민 C를 섭취하고 있다. 비타민 C의 장점은 가격이 저렴하다는 것이다. 가격이 저렴하면서 각종 질병도 예방해준다. 특히 암 예방에 특출한 효과가 있으므로 매일 규칙적으로 섭취할 것이 권장되고 있다. 병을 앓으면서 오래 사는 것은 재앙이다.

최근 이어령 교수가 암으로 돌아가셨다. 특이한 것은, 암 진단 후 방사선 치료나 항암치료 등 아무 치료도 받지 않았다는 점이다. 암의 진행 과정을 지켜보며 서서히 가셨다고 한다. 수술로서 암세포를 제거할 수 없는 단계라면 항암치료가 오히려 독이 될 수 있다는 것을 알고 계셨던 듯하다. 나의 마지막도 그래야 한다고 생각했다. 서서히 곡기를 줄여가며 결국엔 아사하는 것, 이것이 가장 고통 없이 죽는 것이라고 한다.

가끔 나는 꿈을 꾸다가 꿈인지 생시인지 구분이 되지 않을 때가 있다. 악몽일 경우 어느 순간 잠깐, '이건 꿈이잖아.' 하며 안도한다. 나는 우리 생애가 오히려 꿈이 아닐까 생각한다. 죽어서 꿈에서 깨어나면 진짜 나의 모습을 보게 될 것이고 안도할지도 모른다. 모든 것이 꿈이었구나, 하고. 그러니 이생에서 내 마음대로 꿈을 꾸다 가려고 한다.